Heribert Mühlen

W0245566

Einübung in die christliche Grunderfahrung

Zweiter Teil: Gebet und Erwartung

Unter Mitarbeit von
Arnold Bittlinger, Erhard Griese und Manfred Kießig

Topos-Taschenbücher
Band 49

Originalausgabe erstmals veröffentlicht als
Topos-Taschenbuch.

Arnold Bittlinger, geb. 1928, Dr. phil., ist Beauftragter für Fragen
der Charismatischen Erneuerung im Ökumenischen Rat der Kirchen,
Genf.
Erhard Griese, geb. 1936, Dr. theol., ist Schulreferent
in Düsseldorf.
Manfred Kießig, geb. 1940, Mitherausgeber des »Evangelischen
Erwachsenenkatechismus«, ist Pfarrer in Herrsching am
Ammersee in Oberbayern.

CIP Kurztitelaufnahme der Deutschen Bibliothek

Mühlen, Heribert
Einübung in die christliche Grunderfahrung / unter Mitarbeit von
Arnold Bittlinger ... — Mainz: Matthias-Grünewald-Verlag.
2. Gebet und Erwartung. — Orig.-Ausg., 1. Aufl. — 1976.
(Topos-Taschenbücher; Bd. 49)
ISBN 3-7867-0560-7

14. Auflage 1985. 54.–57. Tausend
© 1976 Matthias-Grünewald-Verlag, Mainz
Alle Rechte vorbehalten
Reihengestaltung: Eschert & Bänder
Gesamtherstellung: Carl Ueberreuter Druckerei Ges. m. b. H.,
2100 Korneuburg
ISBN 3-7867-0560-7

schichte aber in den Hintergrund getreten sind, gehört zu den erstaunlichen Phänomenen der Glaubensgeschichte im 20. Jahrhundert.

5.   Heribert Mühlen (Hg.), *Erfahrungen mit dem Heiligen Geist.* Zeugnisse und Berichte, Mainz, 4. Aufl. 1983, Topos-Taschenbuch 90.

Wie Gott eingreift, wie er zu einem lebendigen Glauben, zu einer lebendigen Gemeinde führt, bezeugen katholische und evangelische Pfarrer, Christen verschiedener Berufs- und Altersgruppen.

6.   Heribert Mühlen, *Grundentscheidung.* Weg aus der Krise I, Mainz 1983, Topos-Taschenbuch 122.

Eine Volkskirche ohne Entscheidung wird auf die Dauer nicht Kirche des Volkes bleiben können, sondern an den Rand der Gesellschaft abgedrängt. Der Autor sieht einen Ausweg aus dieser Krise nur durch die bewußte Umkehr der einzelnen Christen in einer persönlichen Grundentscheidung für Gott – die aber nicht Privatsache bleibt, sondern zugleich ein Schritt zur Kirche und Gemeinde hin ist.

7.   Heribert Mühlen (Hg.), *Jugend erfährt Gott.* Weg aus der Krise II, Mainz 1983, Topos-Taschenbuch 133.

Die Geistliche Gemeinde-Erneuerung ergreift in stärkerem Maße auch Jugendliche. Hier wird in Selbstzeugnissen und Erfahrungsberichten dokumentiert, wie diese jungen Menschen sich für Gott entscheiden, was ihre Motive sind, welche Konsequenzen sie ziehen und wie sie ihre Mitmenschen beeinflussen.

8.   Heribert Mühlen (Hg.), *Gemeinde-Erneuerung aus dem Geist Gottes,* Band I: Bericht aus einer Großstadtgemeinde, Mainz 1984, Topos-Taschenbuch 144.

9.   Heribert Mühlen (Hg.), *Gemeinde-Erneuerung aus dem Geist Gottes,* Band II: Zeugnisse und Berichte – Hoffnung für die Ökumene, Mainz 1985, Topos-Taschenbuch 145.

Viele Menschen erfahren heute
neu die Zuwendung Gottes.

Daraus erwachsen
- *Liebe zu Christus und seiner Kirche*
- *Sinn für Anbetung, Dank und Lobpreis*
- *Verständnis der Heiligen Schrift und
  Freude an Gottes Wort*
- *Befreiung von Belastungen*
- *Offenheit für die vielfältigen Gaben
  des Heiligen Geistes (Charismen)*
- *Bereitschaft zur intensiven Mitarbeit
  in der Pfarrgemeinde*
- *Bereitschaft, Unrecht und Unterdrük-
  kung in der Gesellschaft entgegenzu-
  treten*
- *Fähigkeit, in Wort und Tat Zeugnis zu
  geben für das neue Leben, das sie
  erfüllt*
- *erneuert und vertieft leben, was der
  einzelne ist: Laie, Ehegatte, Priester,
  Mitglied eines Ordens oder einer Vereinigung.*

Erneuerung
in Kirche und Gesellschaft

Die authentische, ökumenische
Vierteljahreszeitschrift der charismatischen Gemeinde-Erneuerung.
Sie wird herausgegeben von katholischen und evangelischen Verantwortlichen aus Deutschland,
Österreich und der Schweiz. In ihr
werden fortlaufend geistliche Impulse, persönliche Zeugnisse, Berichte aus Gemeinden, theologische Reflexionen, Tagungsberich-
te, praktische Hilfen, Buchbespre-
chungen sowie Kursangebote veröffentlicht.

Einzelheft DM 6,50 zuzgl. Porto.

Verlag Erneuerung, Scherfeder Str. 20, 4790 Paderborn

Weitere Auskünfte über Gemeinde-Erneuerung,
Informationsmaterial, Literatur- und Tagungslisten
über folgende Adressen:

Geschäftsstelle für Gemeinde-Erneuerung
in der *katholischen* Kirche,
Scherfeder Straße 20, D-4790 Paderborn.
Spendenkonto: Gemeinde-Erneuerung e.V.,
Postscheckamt Hannover, Nr. 26847-303;
Sparkasse Paderborn,
Konto-Nr. 33001215 (BLZ 47250101).

Geschäftsstelle für Gemeinde-Erneuerung
in der *evangelischen* Kirche,
Alte Rabenstraße 23, 2000 Hamburg 13.
Spendenkonto: Evang. Gemeinde-Erneuerung,
Commerzbank Hamburg,
Konto-Nr. 6353304 (BLZ 20040000).

Inhalt

Fünfte Woche: Kirche

Sechste Woche: Geistesgaben

Siebte Woche: Unterscheidung

Mancher wird dieses Buch kaufen, nur um darin zu lesen. Er möchte sich informieren — aus persönlichen oder aus theologisch-wissenschaftlichen Gründen —, was wohl die Verfasser denken und sagen. Dagegen ist nichts einzuwenden. Wer diesen Band *Gebet und Erwartung* — und mehr noch: Wer den vorhergehenden ersten Band der *Einübung in die christliche Grunderfahrung* — liest, wird, so hoffen wir, ein Bild bekommen von dem, was geistliche Erneuerung der Christen und der Gemeinden heute sein könnte. Er wird die Verwurzelung all dessen, wovon hier gesprochen wird, in der Kontinuität der lebendigen Geschichte der Christenheit und in ihrem geistlichen Leben wahrnehmen. Und er wird auch den eindringlichen Bittruf um die Erneuerung des pfingstlichen Geistes hören, der hinter allem steht; er wird ahnen, daß mutige und konkrete Schritte einer »Reform von innen und vom Zentrum her« auf uns Christen warten.

Aber es könnte sein, daß er trotz allem wenig berührt wird von dem, was in dem weltweiten geistlichen Aufbruch in allen christlichen Kirchen heute geschieht. Vielleicht ist seine Zustimmung zum christlichen Glauben zu selbstverständlich für ihn. Vielleicht sieht er die offenen Fragen von heute nicht eindringlich genug. Vielleicht aber — und davon mag es manche aktive Christen geben — denkt er im Grunde seines Herzens, bisher sei trotz aller menschlichen Schwächen und trotz aller Rückschläge, die man eben realistisch hinnehmen müsse, doch alles ganz in Ordnung bei ihm selbst und in der Kirche, der er angehört. Vielleicht klammert er sich — verständlicherweise! — noch zu sehr an seine tatsächlichen oder vermeintlichen Erfolge in der christlichen Lebensführung, in der Seelsorge oder in seinem Dienst, wo auch immer er geschieht.

Deshalb müssen wir sagen, daß es in der Gemeindeerneuerung immer um einen neuen Anfang für den einzelnen geht. Dieser neue Anfang ist nicht ohne Voraussetzungen denkbar. Die

»Würzburger Leitlinien« der charismatischen Gemeindeerneuerung in der Evangelischen Kirche (vgl. den Anhang des ersten Teils dieser »Einübung«) sagen das in ihrer letzten These so: »Charismatische Erfahrungen werden gegeben, wo Menschen ihre Hilflosigkeit und Leere eingestehen und darum alles von Gott und seiner konkreten Weisung erwarten. Nur dieses Eingeständnis kann in Theologie und Diakonie, in Gemeindeleben und Ökumene die Voraussetzungen für einen geistlichen Aufbruch und für das konkrete Wirken des Heiligen Geistes schaffen (2 Kor 12, 9–10).«

Deshalb ist dies nicht ein Buch zum Lesen, sondern zum Tun. Es kann nur verstanden werden, wo es zu jenem Tun hinführt, zu dem hier im folgenden angeleitet wird. Das bedeutet nicht, daß man bis ins kleinste gesetzlich so vorgehen müßte, wie es hier beschrieben wird. Es mag auch noch ganz andere Wege zur geistlichen Erneuerung geben. Wir machen hier ein Angebot aus der beginnenden Erfahrung eines weltweiten geistlichen Aufbruches heraus, das nur auf dem Wege der eigenen Erfahrung und des Nachvollzuges angenommen und verstanden werden kann. Wir wenden uns an die, die noch hungrig sind nach geistlicher Erfahrung und durstig nach Glaubwürdigkeit, Liebe und Freude in ihrem Leben als Christen.

Wiederum bedeutet das nicht, daß Christen, die an der hier vorgelegten Gemeindemission teilgenommen haben, besser als andere Christen sind. Es kann vorkommen, daß jemand in eine Gemeinde oder Gruppe kommt, die gerade in einer Krise steckt oder an einem Tiefpunkt angelangt ist. Ein charismatischer Gottesdienst kann an der Oberfläche bleiben, weil es unaufgedeckte Spannungen in der Gemeinschaft gibt. Das einzige, was er dann anderen voraushaben könnte, ist: man merkt die Krise sofort. Eine wache Gemeinde registriert wie ein Seismograph Schwankungen und Spannungen. Das ist auch ein Vorteil: Das Christsein wird echt, gerade auch in seinen Schwächen. Wir lernen es, als Sünder miteinander zu leben. Die Offenheit der charismatischen Gemeinschaft macht das möglich. Dietrich Bonhoeffer, der evangelische Theologe und Märtyrer aus der Kirchenkampfzeit, hat gesagt: »Es kann sein, daß Christen, trotz gemeinsamer Andacht, gemeinsamen Gebets, trotz aller

Gemeinschaft, im Dienst alleingelassen bleiben, daß der letzte Durchbruch zur Gemeinschaft nicht erfolgt, weil sie zwar als Gläubige, als Fromme, Gemeinschaft miteinander leben, aber nicht als die Unfrommen, die Sünder ...«

Wir beten darum, daß diese Mauer überwunden wird durch die Kraft des Heiligen Geistes, der uns immer wieder, gerade im eigenen Versagen, einen neuen Anfang schenkt. Wir wissen auch, daß das für ein gutbürgerliches Christsein ungewohnt ist und daß vieles im üblichen kirchlichen Umgangsstil dem entgegensteht.

Darum genügt es nicht, dieses Buch zu lesen oder »nur« zu meditieren. Es muß dabei kaum noch betont werden, daß diese geistliche Einübung als (geschichtlich neue) Wiedergewinnung der christlichen Ursprungserfahrung kaum auf konfessionelle theologische Probleme stößt. Zu offenkundig ist die Sehnsucht bei katholischen wie evangelischen Christen, zu elementar und existentiell ist der gemeinsame Schritt zu einer neuen, vereinenden Tradition, als daß Detailprobleme oder historischer Ballast aus der Geschichte der Spaltung eine große Rolle spielen könnten. Auf diese Weise ist ein Werk entstanden, das uns insofern als völlig neu erscheint, als hier katholische und evangelische Christen *gemeinsam* angesprochen und angeleitet werden zu einem geistlichen Aufbruch für jeweils *ihre* Gemeinden.

Die theologische Forschung hat heute in hohem Maße Anteil an dem, was in der jeweils anderskonfessionellen Fakultät erarbeitet wird. Und es gibt auch gemeinsame theologische Erklärungen. Die Lektüre von Büchern aus der jeweils anderen Kirche wird längst nicht mehr als Schritt über die Konfessionsgrenzen verstanden. Sogar Bücher und Arbeitsmaterialien für den Religionsunterricht werden zusammen erarbeitet und gelegentlich vielleicht sogar gemeinsam gebraucht. Wir rechnen aber damit, daß mit diesen beiden Bänden zur Einübung in die christliche Grunderfahrung ein weiterer Schritt über das Bisherige hinaus getan wird: Eine seelsorgerliche Anleitung — im vertieften Sinne des Wortes — zu einer umfassenden Glaubenserneuerung, die bis in das Gemeinschaftsleben der Christen hineinwirkt, kann in gleicher Weise evangelischen wie katholischen Gemeinden, Seminaren und einzelnen Christen in die Hand gegeben werden. Geistliche Erneuerung und geistliches Wachsen können *gemeinsam* geschehen!

Und zwar — das entspricht den Intentionen dieser »Ein-übung« —, ohne die noch bestehenden Besonderheiten der Konfessionen preiszugeben, wie es wohl in kurzfristig angesetzten »ökumenischen« Aktionsgruppen allzu leicht geschehen kann. Von dem, was einer Tradition der Christenheit geschenkt worden ist, wollen wir nichts aufgeben oder einebnen — und das gerade um der anderen willen, denen die Fülle der Gaben aus der Geschichte der Gotteserfahrung nicht vorenthalten werden soll. Der Weg zu einer vom Heiligen Geist erneuerten Kirche führt über die Charismen und das vielfältige Erbe der Konfessionen und Traditionen — und nicht an ihnen vorbei. Wie Gottes Geist uns dabei den letzten Schritt zu einer sichtbaren Einheit führen will, wissen wir noch nicht. An uns ist es, für den Anfang offen zu sein, der bei *mir* selbst, in *meiner* Umwelt, in *meiner* Gemeinde, in *meiner* Kirche geschehen kann, wo sich Menschen dem Wirken des Geistes zur Verfügung stellen. Gott läßt uns nicht über den letzten Schritt spekulieren, ehe wir nicht die ersten Schritte gegangen sind. Aber *er* weiß, was für ein Ziel er mit uns und mit seiner ganzen Schöpfung hat. Das gibt uns Zuversicht und Gelassenheit.

Als letztes möchten wir als evangelische Mitarbeiter mit diesem Vorwort Professor Heribert Mühlen danken, der nicht nur den katholischen, sondern auch den evangelischen Gruppen, die der Gemeindeerneuerung dienen möchten, ein charismatischer Lehrer — und der Öffentlichkeit ein »Pro-fessor« im wörtlichen Sinne, ein Bekenner des Glaubens und der Glaubenserfahrung — geworden ist.

Arnold Bittlinger
Erhard Griese
Manfred Kießig

Einleitung

1. Evangelisation und Volksmission

In der Einleitung zum ersten Teil dieser »Einübung« wurden bereits grundlegende Aspekte der beiden, eng zusammengehörenden Teile dargelegt. Im zweiten Teil geht es weniger um die Vermittlung von Lehre als vielmehr um die Anregung, sich in *erwartendem Glauben* zu öffnen für die Erneuerung der jeweils persönlichen Begegnung mit Christus und für den Dienst am Glauben anderer. Dieser Dienst wird in neuester Zeit auch in der katholischen Kirche immer häufiger als *»Evangelisierung«* (bzw. »Evangelisation«) verstanden. Damit wird ein Impuls aufgenommen, der in der traditionellen katholischen Volksmisison seit dem 17. Jahrhundert lebendig war, auf dem Boden der reformatorischen Kirchen aber weitaus größere Bedeutung erlangt hat. So ist es ein wahrhaft ökumenisches Ereignis, wenn Papst Paul VI. im Dezember 1975 ein Schreiben zum Thema »Evangelisierung« veröffentlicht hat[1]. In ihm wird bekräftigt, »daß die Aufgabe, allen Menschen die Frohbotschaft zu verkündigen, die *wesentliche Sendung* der Kirche ist«. *»Evangelisieren ist in der Tat die Gnade und eigentliche Berufung der Kirche, ihre tiefste Identität«* (Nr. 14). Zum Zeugnis des gelebten Lebens müsse die Verkündigung des Evangeliums *»von Person zu Person«* hinzukommen: »Wird es im Grunde je eine andere Form der Mitteilung des Evangeliums geben als die, in der man einem anderen seine *eigene Glaubenserfahrung mitteilt?«* (Nr. 46).

Evangelisierung geschieht also nicht nur in den fernen Missionsländern, sondern es wird bekräftigt, »daß es die Kirche immer nötig hat, selbst evangelisiert zu werden, wenn sie ihre Lebendigkeit, ihren Schwung und ihre Stärke bewahren will, um das Evangelium zu verkünden« (Nr. 15).

Es ist nicht zu übersehen, daß dieser Impuls nicht aus der klassischen katholischen Theologie entspringt, auch nicht aus der Liturgischen Bewegung unseres Jahrhunderts, die mehr den objektiven Vollzug der Liturgie betont hat. Diese *Personalisierung* des Glaubens hat vielmehr ihren Ursprung in der Reformation des 16. Jahrhunderts (wir können dies hier nicht im einzelnen zeigen)[2]. Aus ihr wiederum ist der frühe Pietismus erwachsen, die Gemeinschaftsbewegung, die Zeltmission und in den angelsächsischen Ländern die baptistische und methodistische Evangelisation[3]. Diese ihrerseits war um die Mitte unseres Jahrhunderts in den USA nicht ohne Einfluß auf den Aufbruch der »charismatischen Erneuerung«, von der auch die katholische Kirche in den USA erfaßt wurde. In den letzten Jahren hat sie sich in erstaunlichem Maße auf die ganze Welt ausgebreitet. Nach den neuesten Erhebungen auf Weltebene sind etwa 450 000 Katholiken in über 63 Ländern in etwa 4000 Gebetsgruppen von ihr erfaßt. Mindestens ebensoviele Christen aus den reformatorischen Kirchen nehmen regelmäßig an dem Leben solcher Gebetsgruppen teil (wobei die etwa 30 Millionen Mitglieder der freien Pfingstkirchen nicht mitgezählt sind). Diese Zahlen sind naturgemäß unscharf, da diese Erneuerung keine »Bewegung« im kirchensoziologischen Sinne mit einer ausgeprägten organisatorischen Struktur ist. Von ihr gehen überraschende Impulse zu einer Evangelisation von Person zu-Person aus. In dem im Anhang abgedruckten Informationsblatt »Erneuerung der Kirche« heißt es ausdrücklich: »Die charismatische Gemeindeerneuerung ist eine Form der *Evangelisation*, in der die Christen aufgrund ihres *gemeinsamen Priestertums* einander durch persönliches Glaubenszeugnis zu einer *unmittelbaren Begegnung mit Christus selbst* hinführen.«

Allerdings ist zu bemerken, daß die persönliche Evangelisation, die Mitteilung der eigenen Glaubenserfahrung, häufig auch zur Bildung neuer kirchlicher Gemeinschaften geführt hat. So wichtig es ist, daß Hunderttausende Christen auf eine nicht geplante, nicht organisierte, nicht zu erwartende Weise sich für die der Evangelisierung dienenden Geistesgaben (Charismen) öffnen, so wichtig ist aber auch, daß dieses geschichtlich neue Geschenk charismatischer Gnaden dem Aufbau der einen Kirche dient und nicht zur Bildung von elitären, sich abschließenden Gebetsgruppen führt. Im deutschen Sprachraum ist deshalb ausdrücklich von katholisch-charismatischer *Gemeinde*erneuerung bzw. *Gemeinde*erneuerung in der evangelischen Kirche die Rede*. Dadurch gewinnt sie stärkeren Anschluß an die traditionelle Volksmission, wie sie sowohl in der katholischen Kirche als auch in den evangelischen Kirchen gewachsen ist.

Ihre traditionelle Ausprägung, die einen stark individualistischen Einschlag hatte (»Rette deine Seele«!), entspricht jedoch nicht mehr dem in unserem Jahrhundert neu erwachten Verständnis von Kirche. So sagt z. B. V. Schurr im Jahre 1965, die zeitgemäße Form der Volksmission und die missionarische Hoffnung der Kirche sei *»der Heilige Geist in einer kleinen Gruppe«* und eine *»missionarische Liturgie* gemäß 1 Kor 14, 23 ff«. Nicht von außen in die Gemeinde kommende Bußprediger, sondern der Pfarrer sei der Missionar seiner Gemeinde, und eine Volksmission müsse von der ganzen Gemeinde mitgetragen werden[4]. Damit wird die Missionsmethode der Urkirche wieder lebendig: Jeder Christ ein Missionar! Jeder ist aufgrund des *gemeinsamen Priestertums aller Gläubigen* dazu berufen, andere durch sein Glaubenszeugnis zu Christus zu führen.

In den evangelischen Kirchen hatte sich schon zu Beginn unseres Jahrhunderts eine ähnliche Entwicklung angebahnt: »Träger (der Volksmission) ist *nicht der einzelne Charismatiker* (!), sondern die Kirche, das Pfarramt, jeder bewußte Christ. Das Ziel ist, alle Glieder der Volkskirche zu persönlichem Glauben, zur Gemeinschaft mit Christus zu führen durch erweckliche Verkündigung und christliche Erziehung ... Die Volksmission bleibt ein Streich ins Leere, wenn sie nicht von der Gemeinde getragen wird und wenn die Gemeinde nicht offen und bereit ist, durch die Volksmission zu neuem Glauben erweckte Menschen aufzunehmen und in sich einzu-

---

*
Weitere Informationen über bestehende Gebetsgruppen: Charismatische Gemeinde-Erneuerung in der *katholischen* Kirche, Domplatz 3, D-4790 Paderborn. Charismatische Gemeinde-Erneuerung in der *evangelischen* Kirche, Alte Rabenstr. 23, D-2000 Hamburg 13

gliedern. Andererseits geht das geistliche Leben der Gemeinde zugrunde, wenn sie nur ihr eigenes Leben pflegt . . .« Die Kirche muß sich »aus der institutionellen zur missionarischen Kirche wandeln«[5]. Unter Voraussetzung dessen, was in der Einleitung zum ersten Teil dieser »Einübung« gesagt wurde, sei deshalb deutlicher beschrieben, wie die Geistesgaben ganz konkret dem Gemeindeaufbau dienen können.

2. Modell einer Gemeindemission

a) Die kleine Gruppe

Man kann die Ausübung von Geistesgaben nicht einfach »einführen«, denn dazu ist eine ganz persönliche Auslieferung an Gott vorausgesetzt, die nicht lediglich durch Leben und Erziehung vermittelt werden kann. Auch kann nicht eine ganze Gemeinde von heute auf morgen zu einem missionarischen Impuls erwachen. Dieser wächst in der Regel in einer kleinen Kerngruppe, die sich dann im Laufe von Monaten und Jahren von Gott zur Erweckung der ganzen Gemeinde gebrauchen läßt. Das Ideal wäre, wenn der *Pfarrer* zunächst eine solche kleine Gruppe um sich versammelt: seine engeren Mitarbeiter, Gottesdiensthelfer, Erwachsene, die Jugendliche auf Firmung und Konfirmation vorbereiten usw. Allerdings müßte dann zunächst der Pfarrer selbst die »Geisterneuerung« persönlich vollzogen haben, von der wir weiter unten noch sprechen werden. Er müßte vor anderen und mit ihrer Hilfe in einem persönlichen Schritt der Auslieferung das angenommen haben, was ihm in Taufe, Firmung (Konfirmation) und Ordination von Gott verheißen ist.

Die traditionelle Pastoral in den verfaßten Kirchen setzt die gläubige Gemeinde voraus und hat kaum missionarische »Methoden« entwickelt, aufgrund deren der einzelne bereit und fähig ist, seinen persönlichen Glauben nicht nur durch ein christliches Leben zu bezeugen, sondern auch im persönlichen Wort-Zeugnis weiterzusagen. Wenn in einer Gemeinde eine missionarische Gebetsgruppe entsteht, sollte dies in jedem Falle in enger Zusammenarbeit mit dem Gemeindepfarrer geschehen.

Der Anfang, belastet durch vielerlei Hemmungen, ist oft mühsam, und die Verbindung zu anderen Gebetsgruppen kann eine große Hilfe sein[6].

Wenn die vorliegende »Einübung« Grundlage einer späteren Gemeindemission sein soll, dann müßte jedes Mitglied der Kerngruppe sich vorher persönlich in einem siebenwöchigen Seminar auf sie eingelassen haben. Die nachfolgende Gemeindemission vollzieht sich dann in konzentrischen Kreisen in Form von Glaubensseminaren: Die Mitglieder der Kerngruppe sprechen andere persönlich an, machen Hausbesuche, verteilen Vorinformationen (ein Vorschlag dazu findet sich im Anhang dieses Bandes: »Erneuerung der Kirche«), diskutieren mit Gemeindemitgliedern über die von den Informationsstellen angebotenen Tonfilme, Tonbandkassetten usw. Wichtig ist bei einer solchen Vorbereitung vor allem das persönliche Zeugnis (vgl. dazu den siebten Tag der siebten Woche dieses Bandes!).

b) Das Seminar

Gott erweckt heute viele Menschen auf vielerlei Weisen zu einem lebendigen Glauben und zur Ausübung ihrer Geistesgaben. Die Teilnahme an dem in dieser »Einübung« angeregten Seminar kann dazu eine Hilfe sein. Es hat sich gezeigt, daß »Gäste«, die hin und wieder den Gebetsgottesdienst einer schon bestehenden Gruppe besuchen, erst durch die Teilnahme an einem Seminar in die Erneuerung hineinwachsen. Dazu ist nicht nur eine Vorinformation, sondern auch eine gewisse *Vorentscheidung* vorausgesetzt. Jeder Seminarteilnehmer sollte wissen, worum es geht, und sich fest vornehmen, die Seminarvorträge regelmäßig zu besuchen. Auch müßte jeder sich *täglich* die Zeit zu Gebet und Meditation nehmen, wenigstens eine halbe Stunde, in welcher er entspannt sein kann und die täglichen Aufgaben nicht drängen (vielleicht lassen sich für die Zeit der Seminarwochen nicht unbedingt notwendige Verpflichtungen absagen!). In jedem Leben gibt es bestimmte Zeiten der Gnade, in denen man den Ruf Gottes deutlicher verspürt! Dies bedeutet nicht, daß die Seminarteilnehmer sich streng an die vorgelegten Texte halten müssen, wie bereits im

Vorwort zu diesem zweiten Band gesagt wurde. Vor allem darf niemand das Gefühl haben, daß er zu etwas gedrängt wird. Es kommt alles auf die innere Führung des Heiligen Geistes an, denn *der* Weg zu Gott ist allein der lebendige Herr der Kirche.

In dem zweiten und erweiterten Seminar sind die Mitglieder der Anfangsgruppe dann »Helfer«. Es hat sich als dienlich erwiesen, daß die Seminarteilnehmer sich in eine Liste eintragen. Der Seminarleiter kann dann schon vor Beginn des Seminars die Bildung von Kleingruppen (6—8 Personen) anregen. Diese treffen sich nach dem Seminarvortrag oder während der Woche zu persönlichem Austausch und Gebet, unter Anleitung des »Helfers«. In manchen Fällen ist es gut, wenn Personen, die sich sehr gut kennen (Ehegatten, Ordensangehörige), nicht derselben Gruppe angehören. Die anfänglichen Hemmungen sind dann nicht so groß. Vor allem ist wichtig, daß sich eine solche Kleingruppe nicht als »Freundeskreis« versteht, sondern als missionarischen Zusammenschluß (dies gilt natürlich auch schon für die anfängliche Kerngruppe): Je mehr alle bereit sind, sich Gott für den Dienst in Kirche und Welt verfügbar zu machen, je weniger sie dabei auf sich selbst achten, um so zwangloser und entkrampfter werden die Zusammenkünfte. Es hat sich gezeigt, daß Selbstfindung und auch gruppendynamische Erfahrungen *geschenkweise hinzugegeben* werden, wenn jeder für den anderen im Sinne von 1 Petr 4, 10 »Verwalter der vielfältigen Gnade Gottes« ist und in erster Linie dem Glauben der anderen dienen möchte. »Gebetszirkel«, in denen jeder um seine eigenen menschlichen oder geistlichen Erfahrungen kreist, führen zu einer weltfremden Abgeschlossenheit und nehmen dem einzelnen den Antrieb zu missionarischem und politischem Einsatz. Der persönliche Schritt zur Geisterneuerung (unter Handauflegung) bedarf oft einer Beratung und Ermutigung durch andere (Seminarleiter, Helfer).

Der wöchentliche Seminarvortrag kann mit einem Gebet beginnen und schließen. Im Anschluß daran sind zwei Modelle möglich:

1. Die Seminarteilnehmer lesen im Laufe der Woche die entsprechenden Abschnitte aus dem ersten Teil dieser »Einübung«

noch einmal nach, um sich bei der Zusammenkunft der nächsten Woche über ihren Inhalt auszutauschen. Dabei sollten jedoch wissenschaftliche Diskussionen vermieden werden (dazu könnten eigene Diskussionsabende angeboten werden). Vielmehr sollte der persönliche Weg eines jeden einzelnen im Vordergrund stehen. In der darauf folgenden Seminarwoche lassen sich die Teilnehmer dann von den jeweiligen Vorlagen dieses zweiten Bandes anregen und treffen sich am dritten Abend zunächst in Kleingruppen zu Gebet und Austausch. Im Anschluß daran wird dann der zweite Vortrag gehalten usw. Die Einübung beansprucht dann einen Zeitraum von 14 Wochen.

2. An den Seminarvortrag schließt sich ein kurzes Gespräch an, und dann treffen sich die Kleingruppen zu Gebet und Austausch über die Anregungen dieses zweiten Teiles dieser »Einübung« (siebenwöchiges Seminar).

Gemeinsame Wochenenden können sehr zur Intensivierung des Seminars beitragen.

c) Der persönliche Charakter des Seminars

Wenn der Mensch Gott persönlich begegnet, werden alle seine Kräfte auf ungeahnte Weise mobilisiert. Dies gilt allerdings auch für Fehlhaltungen und seelische Erkrankungen. So sehr diese durch eine Auslieferung an Gott geheilt werden können (vgl. das Gebet um Heilung der Erinnerungen und Erwartungen am Ende der dritten Woche des vorliegenden Bandes), so setzt die Teilnahme an dieser »Einübung« in der Regel doch ein gewisses Maß an seelischer Gesundheit voraus.

Personen, die nicht einigermaßen ausbalanciert sind, unter erheblichen psychischen Störungen leiden, sollten mit Liebe gebeten werden, zunächst ihre persönliche Situation zu erkennen (Psychotherapie), oder auf andere Möglichkeiten der Selbstfindung hingewiesen werden. Sie können den Verlauf eines Seminars empfindlich stören. Dies schließt nicht aus, daß einzelne von ihnen in bestehende Gebetsgruppen hineingenommen und in ihnen angenommen werden. Diese sind jedoch nicht in erster Linie so etwas wie »seelische Wärmestuben«.

Diese »Einübung« ist vor allem nicht für Menschen geeignet, die aufgrund ihrer Lebensgeschichte oder einer Gemütserkrankung unter *Depressionen* leiden. Depressive neigen dazu, alles auf sich zu beziehen, und lesen aus solchen Anleitungen das heraus, was sie ohnehin schon belastet. Alles wird ihnen zum Gericht, die biblische Umkehrpredigt steigert ihre (objektiv nicht begründeten) Schuldgefühle. Andererseits streben *hysterische* Menschen in übertriebener Weise nach den »höheren« Geistesgaben. Sie geraten dabei nicht nur tiefer in ihre Fehlhaltungen hinein, sondern können einen Gebetsgottesdienst empfindlich belasten. (Vgl. dazu Näheres in der siebten Woche dieses zweiten Teiles, vierter Tag.)

Lebensübergabe, Tauferneuerung, Bitte um die Fülle des Geistes vor Zeugen in der in dieser »Einübung« angeregten Weise sind sehr persönliche Schritte des Glaubens. Jeder bedarf dabei der persönlichen Mithilfe anderer. Deshalb muß auch die Sprache einer solchen »Einübung« persönlich sein. Verfasser und Mitarbeiter haben sich Gedanken darüber gemacht, ob man es wagen kann, aus diesem Grund die Du-Anrede zu gebrauchen. Sie kommt nicht aus einer menschlichen oder geistlichen Überlegenheit, denn hier sprechen Sünder zu Sündern, sondern ist nur der Versuch, Persönliches persönlich auszudrücken. Den Erfahrungen in den Gemeindeseminaren zufolge begrüßen die meisten diese Sprechweise, andere sind zunächst von ihr befremdet. Sie ist auf keinen Fall vordergründig-vertraulich gemeint und zudem ein sprachliches Stilmittel, das durch den Abstand, den das gedruckte Wort schafft, in seiner möglichen Anstößigkeit gemildert wird (vgl. auch den Abschnitt »Die persönliche Hinwendung zu Christus« in der Einleitung zum ersten Teil). Im persönlichen Vortrag sollten Seminarleiter und Helfer je nach der Situation entscheiden, welche Sprechweise angemessen ist.

d) Geisterneuerung

Am Ende des Seminars (oder später) ist jedem angeboten, unter Handauflegung anderer (eventuell in einer gemeinsamen Eucharistiefeier [Abendmahl] aller Seminarteilnehmer) um die

Fülle des Heiligen Geistes zu bitten. Man sollte diesen Schritt nicht allzu lange vor sich herschieben, aber auch erst dann vollziehen, wenn die innere Führung des Heiligen Geistes dazu drängt und der Rat anderer zu ihm ermutigt. Dieser Vorgang ist so vielschichtig, daß er nicht mit einem einzigen Wort zureichend bezeichnet werden kann. Im ersten Teil dieser »Einübung« ist im dritten Abschnitt der fünften Woche dazu Näheres gesagt.

Wie die Geschichte zeigt, neigen spirituelle Aufbrüche zur Überbetonung bestimmter Aspekte. Durch Übertreibung wird das Wahre aber nicht wahrer, sondern führt zu Trennung und Spaltung! Der Ausdruck »Geisttaufe« ist mißverständlich. Vielleicht wäre es besser, von *»Geisterneuerung«* zu sprechen, ohne nun wiederum diesen Begriff pressen zu wollen. Er kann die verschiedenen, in dieser »Einübung« erwähnten Aspekte des Hineinwachsens in das volle Christsein zur Aussage bringen: Umkehr als Erneuerung unseres *menschlichen* Geistes (erste Woche), erneute Annahme dessen, was bei der Taufe von Gott her an uns geschehen ist (dritte Woche), erneute Bereitschaft zum Zeugnis und zur Annahme der *Geistesgaben* (sechste Woche), Offenheit für die Führung durch den Heiligen Geist und die immer überraschende Neuheit Gottes (siebte Woche) sowie erneutes Verständnis der *Sakramente* und des kirchlichen *Amtes.* Solche Geisterneuerung ist ein lebenslanger Prozeß, es ist aber hilfreich, wenn wir von Zeit zu Zeit einen *ausdrücklichen und persönlichen Schritt* tun, um uns diese Geisterneuerung vom Geiste Gottes neu schenken zu lassen. Zu diesem Schritt möchte diese »Einübung« anregen. Mit ihm ist also nicht *nur* die nachgeholte Umkehr und Entscheidung für Christus gemeint, nicht *nur* Erneuerung des Taufversprechens, nicht *nur* die Annahme der Geistesgaben, nicht *nur* eine von der Kirche, ihrem Amt und ihren Sakramenten losgelöste Offenheit für die Führung des Heiligen Geistes, nicht *nur* neuer geistlicher Zugang zu den Sakramenten, sondern dies alles in einem einzigen, unteilbaren Vorgang!

3. Was sagen die Kirchenleitungen?

Erneuerung ist immer auch eine Frage an die verfaßten Kirchen und ihre Traditionen. Häufig haben Erweckungsbewegungen zur Ausbildung elitärer, sich abschließender Gebetsgemeinschaften und zu Abspaltungen geführt, und zwar aufgrund der Schuld der Menschen auf beiden Seiten[7]. Dies ist um so verhängnisvoller, als die Kirche ja einer »dauernden Reformation« (II. Vatikanisches Konzil) bedarf. In Deutschland zeichnen sich Tendenzen zur Abspaltung auch nicht im Ansatz ab. Kardinal J. Döpfner, Vorsitzender der deutschen Bischofskonferenz, sagte in seinem Bericht über die Vollversammlung der deutschen Bischofskonferenz vom 22. bis 25. September 1975 in Fulda: »Am ersten Abend unserer Konferenz haben wir einen ›charismatischen‹ Wortgottesdienst kennengelernt. Nach einer kurzen Einführung in Leben und Entwicklung der weltweiten katholisch-charismatischen Gemeindeerneuerung wurde ein Text aus dem Neuen Testament gelesen. Aus dem gemeinsamen Schweigen kamen dann frei formulierte, persönliche, bekenntnishafte Gebetsbeiträge der anwesenden Bischöfe. Der ständige Rat wird sich auf seiner nächsten Sitzung ausführlich mit der charismatischen Gemeindeerneuerung befassen« (KNA, Dokumentation Nr. 37/Samstag, 27. September 1975, S. 4)[8].

Bischof Tenhumberg von Münster, Vorsitzender der Pastoralkommission der deutschen Bischofskonferenz, hat im März 1976 in seinem Amtsblatt folgenden Text veröffentlicht: »Die deutsche Bischofskonferenz hat sich mit den theologischen und pastoralen Grundlagen der katholisch-charismatischen Gemeindeerneuerung befaßt. Die bisherige Entwicklung in der Bundesrepublik gibt zu der Hoffnung Anlaß, daß sie zur Erneuerung der Kirche beitragen kann und ein Weg ist zu ›lebendigen Gemeinden, in denen vielfältige Geistgaben zusammenwirken‹ (Gemeinsame Synode der Bistümer in der Bundesrepublik Deutschland: Die pastoralen Dienste in der Gemeinde, 1, 1. 1)« (Kirchliches Amtsblatt Münster 1976, Nr. 7, S. 63).

Papst Paul VI. sagte am Pfingstmontag 1975 vor etwa 10 000 Teilnehmern an dem dritten internationalen Kongreß der katholischen charismatischen Erneuerung und weiteren 20 000

Pilgern im Petersdom: »Die mehr und mehr säkularisierte Welt braucht nichts nötiger als das Zeugnis dieser ›geistlichen Erneuerung‹, die — wie wir sehen — der Heilige Geist heute allenthalben und in den verschiedensten Kreisen bewirkt.« Er bezeichnet die charismatische Erneuerung weiterhin als »Chance für die Kirche«, als »authentische Erneuerung, katholische Erneuerung, Erneuerung im Heiligen Geist« (L'Osservatore Romano, 19./20. Mai 1975)[9]. In der Bundesrepublik Deutschland liegen von evangelischer Seite bis zur Stunde noch keine kirchenamtlichen Stellungnahmen vor.

4. Weiterführende Literatur

Als begleitende Literatur zum Seminar kann zunächst empfohlen werden: *A. Bittlinger,* Im Kraftfeld des Heiligen Geistes, Marburg a. d. Lahn [5]1976, sowie *H. Schürmann,* Die geistlichen Gnadengaben in den paulinischen Gemeinden, Leipzig 1965. Eine breitere Einführung in die biblischen Grundlagen gibt *Otto Knoch,* Der Geist Gottes und der neue Mensch, Stuttgart 1975. Wichtig und ermutigend ist das Buch von Kardinal *Léon-Joseph Suenens*: Hoffen im Geist. Ein neues Pfingsten der Kirche, Salzburg 1974, mit einem persönlichen Bekenntnis des Kardinals zur »charismatischen Erneuerung«. Ihre Entstehung in den USA schildert *E. D. O'Connor,* Spontaner Glaube, Freiburg i. Br. 1974. Dieses Buch ist jedoch nicht repräsentativ für die Situation in Europa, da die Entwicklung hier anders verläuft und eine stärkere Integration in die gewachsenen Traditionen notwendig ist. Diese zweite Phase der Erneuerung kündigt sich in dem Buch von *W. Smet* an: Ich mache alles neu. Kirchliche Erneuerung im Heiligen Geist, Regensburg 1975. Empfehlenswert für die tägliche Meditation ist: *O. Chambers,* Mein Äußerstes für mein Höchstes, Bern [18]1975. Ein Versuch, die theologischen, biblischen, pastoralen, geschichtlichen Hintergründe der Erneuerung zu beschreiben, ist in dem Buch des Verfassers dieser »Einübung« vorgelegt: Die Erneuerung des christlichen Glaubens. Charisma — Geist — Befreiung, München [2]1976.

Der Verfasser möchte an dieser Stelle nochmals Arnold Bittlinger, Erhard Griese (vgl. S. 98—105; 152—158) und Manfred
Kießig für Zusammenarbeit und Korrektur danken. Vor allem
aber gilt sein Dank den Seminarteilnehmern, aus deren Gebetsgottesdiensten die folgenden Gebetsanregungen hervorgegangen
sind und die ihm durch ihre vielfältigen Geistesgaben neue
Hoffnung gegeben und seinen Glauben gestärkt haben.

Paderborn, Ostern 1976   Heribert Mühlen

Erste Woche: Sinn

Erster Tag: Auf Gott hören und ihm antworten

Zu Beginn der Gebetszusammenkunft mit Gott erinnere ich mich daran, daß ich mich nicht selbst gewollt und geplant habe, daß ich aus der Liebe Gottes hervorgegangen bin. Ich bitte ihn, meine Augen und Ohren zu öffnen, und bin dankbar, wenn ich diese Bitte jetzt aussprechen kann, denn sie *ist* bereits das Wirken des Heiligen Geistes in mir: Der Geist Gottes, der Geist der Selbstweggabe und Liebe, ist ja schon in uns anwesend, *bevor* wir uns für Gott öffnen können! Den Anfang müssen nicht *wir* machen, sondern Gott kommt von sich her auf uns zu, er bittet uns, er lädt uns ein. Wir brauchen sein Angebot nur anzunehmen.

Laß Dich von den »Worten des Lebens« ganz persönlich ansprechen und erwecken. Das Wort Gottes ist in sich selbst fruchtbar und wirkmächtig:

Gott spricht: »Wie Regen und Schnee vom Himmel fallen und dorthin nicht zurückkehren, ohne die Erde zu tränken, zu befruchten und sie sprossen zu lassen, so daß sie Samen bringt für die Aussaat und Brot für die Nahrung, so verhält es sich mit meinem *Wort,* das aus meinem Munde hervorgeht: *Es kommt nicht leer zu mir zurück,* ohne vollbracht zu haben, was ich wollte, und ausgeführt zu haben, wozu ich es sandte« (Jes 55, 10 f).

Der Regen fällt auf die Erde, aber bevor er durch die Wärme der Sonne zum Teil wieder verdunstet, tränkt und befruchtet er sie: Er kehrt nicht zum Himmel zurück, ohne etwas bewirkt zu haben. So ähnlich ist es auch mit dem Wort Gottes: Es fällt wie Regen auf das dürre Land, befruchtet unsere innere Trockenheit. Es fällt in unser Unbehagen, daß vielleicht doch alles sinnlos sein könnte, es »heilt« und entreißt unser Leben dem »Abgrund« (Ps 107, 20). Dieses Wort, mit dem Gott uns unter Umständen ganz plötzlich, wie ein Gewitter, überfällt, kehrt als unsere persönliche Ant-Wort zu Gott zurück: Es bewirkt, daß wir uns zu ihm zurückwenden, mit ihm sprechen, daß wir *beten*!

Die Worte des Lebens und der Heilung, die wir an jedem Tag in uns aufnehmen, wollen unsere Antwort und Rückkehr zu Gott ermöglichen und bewirken. Damit ist schon etwas sehr Wichtiges gesagt: Der Glaube kommt vom *Hören* des Wortes Gottes, und das allererste ist deshalb, daß wir genau *hinhören*: Was will Gott mir jetzt durch dieses Wort sagen, was will er in mir mit diesem Wort bewirken, was muß ich tun oder unterlassen, um es zu verstehen? Wenn wir einen Menschen, den wir lieben, wiedersehen, vielleicht nach langer Trennung, dann brauchen wir uns nicht zur Aufmerksamkeit zu zwingen. Liebende brauchen keine Technik, um im Gespräch füreinander dazusein: Sie *sind* aufgrund ihrer persönlichen Gegenwart offen füreinander. So ähnlich geht es uns, wenn wir es im Wort Gottes mit Gott selbst zu tun bekommen! Natürlich kann es sein, daß bestimmte Meditationstechniken hilfreich sind, um gesammelt für Gott dazusein, aber solche Übungen sind für den Christen nicht ein Vorgang, in welchem man sich in sich selbst hineinversenkt, in sich selbst den Grund des Lebens und des Seins zu finden hofft. Christliche Meditation ist keinesfalls eine Zerstörung des Ich, auch nicht in erster Linie eine Verbundenheit mit allem, was ist, sondern *wahrnehmendes Dasein für Gott*.

Es ist sehr hilfreich, wenn man das für den Tag vorgesehene Schriftwort *laut* liest. Vielleicht ist es das erste Mal, daß Du *hörst*, wie Du die Bibel liest. Dieses laute Lesen hilft uns, gesammelt zu sein, genau zuzuhören. Im lauten Sprechen wird das Hören auf das Wort Gottes sinnlich. Deshalb ist es noch hilfreicher, die Texte *gemeinsam* mit anderen zu lesen und dann zu fragen: Was will Gott jetzt jedem von uns durch diesen Text sagen? Es ist nicht gut, dabei weitläufig *über* den Text zu diskutieren, er soll vielmehr jeden einzelnen ganz persönlich ansprechen und in Frage stellen. Wichtig ist deshalb das *gemeinsame Schweigen*, aus dem heraus dann die Erfahrungen mit dem Text ausgetauscht werden. Dies ist schon eine erste Einübung in jene Form urkirchlichen Gebetsgottesdienstes, von dem wir später noch sprechen werden.

Versuche dann — vielleicht zunächst allein —, Gott in einem frei formulierten, persönlichen Gebet eine Antwort zu geben. Sei von Anfang an davon überzeugt, daß Gott für Dich da ist, besonders in dieser halben Stunde, die Du Dir für die tägliche Schriftlesung und für das Gebet vorgenommen hast. Er wird Dir gerne zuhören. Bete *laut*, wenn Dir diese Weise des Betens nicht allzu schwerfällt. Wir werden in den kommenden Wochen noch mehrfach auf die Hemmungen zurückkommen, die damit verbunden sind.

Zweiter Tag: Zufall und Terror

Daß wir leben, ist entweder ein schrecklicher oder schöner Zufall, oder es gibt wirklich einen Gott, der uns schon geliebt hat, bevor er uns erschuf, und der für uns da sein will. Wer sein Dasein auf den bloßen *Zufall* zurückführt, ist notwendig gott-los, und auch Du hast — bewußt oder unbewußt — immer schon eine Entscheidung für oder gegen den reinen Zufall, für oder gegen Gott getroffen.

»Die Gottlosen sprechen zueinander: Kurz und traurig ist unser Leben; für das Ende des Menschen gibt es keine Arznei, und man kennt keinen, der aus der Welt des Todes befreit. Durch *Zufall* sind wir entstanden, und später werden wir sein, als wären wir nie gewesen. Der Atem in unserer Nase ist Rauch, und das Denken ist ein Funke, der vom Schlag des Herzens entfacht wird; verlöscht er, dann zerfällt der Leib zu Asche, und der Geist verweht wie dünne Luft. Unser Name wird bald vergessen, niemand denkt an unsere Taten. Unser Leben geht vorüber wie die Spur einer Wolke und löst sich auf wie ein Nebel, der von den Strahlen der Sonne verscheucht und von ihrer Wärme zu Boden gedrückt wird. Unsere

Zeit geht vorüber wie ein Schatten, *unser Ende wiederholt sich nicht:* Es ist versiegelt, und keiner kommt zurück. Auf, laßt uns die Güter des Lebens genießen und aus der Welt möglichst viel *Nutzen* ziehen, wie in der Jugendzeit!

Laßt uns den Gerechten unterdrücken, der in Armut lebt, die Witwe nicht schonen und das graue Haar des betagten Greises nicht scheuen! Unsere *Macht* soll bestimmen, was Gerechtigkeit ist; denn das Schwache erweist sich als *unnütz«* (Weish 2, 1—11).

In diesem Text wird deutlich: Wenn wir nur durch Zufall entstanden sind, dann wird das Leben ziellos und haltlos, dann wird der *Nutzen* zum eigentlichen und letzten Sinn des Lebens, und zwar auch unter Anwendung von Gewalt. Die Folge ist die Terrorherrschaft derer, die sich am meisten durchsetzen können. Das Schwache wird nutzlos und wertlos. Überlege, ob Du nicht im Grunde auch so denkst: *Sinnvoll ist, was mir nützt!* Versuchst nicht auch Du, Macht auszuüben, andere zu übertrumpfen, um sie zu beherrschen? Sie Deinen Plänen und Zielen unterzuordnen, auch wenn Du dies nach außen nicht immer zeigst? Wer neigt nicht dazu, sich *rücksichtslos* durchzusetzen im Prestige- und Machtkampf des Lebens, der Leistungsgesellschaft! Wer verzichtet schon zugunsten eines Schwächeren auf den eigenen Vorteil!

Dritter Tag: Wer oder was ist Dein Gott?

Es läßt sich nachweisen, daß jeder Mensch irgendeine ihm überlegene Macht verehrt und daß er in dieser Verehrung Bestätigung und Rechtfertigung seines Daseins sucht: den Sinn seines Lebens. Die Menschen, die in einer ländlich-bäuerlichen Kultur lebten, haben die Gestirne und andere Naturmächte als Götter verehrt. In der Beziehung zu ihnen suchten sie Geborgenheit und Schutz. Im Grunde suchten sie Gott selbst. In den modernen Industriestaaten gibt es andere Götter und überlegene Mächte: den technischen und medizinischen, den sozialen und gesellschaftlichen Fortschritt, Filmstars, Olympiasieger, politische Führer. Wenn Du den Text liest, frage Dich, wer oder was denn in Deinem Leben Dein »Gott« ist:

»Töricht waren von Natur alle Menschen, denen die Gotteserkenntnis fehlte. Sie hatten die Welt in ihrer Vollkommenheit vor Augen, ohne den zu erkennen, der allein Gott ist. Beim Anblick der Werke erkannten sie den Meister nicht, sondern hielten das Feuer, den Wind, die flüchtige Luft, den Kreis der Gestirne, die gewaltige Flut oder die Himmelsleuchten für weltbeherrschende Götter. Wenn sie diese, *hingerissen* von ihrer Schönheit, als Götter ansahen, dann hätten sie auch erkennen sollen, wieviel besser ihr Urheber ist: Von der Größe und der Schönheit der Geschöpfe läßt sich auf den Schöpfer schließen. Dennoch verdienen jene nur geringen Tadel. Vielleicht *suchen* sie Gott und *wollen ihn finden,* gehen aber dabei in die Irre« (Weish 13, 1—6).

»Die Verehrung der namenlosen Götzen ist aller Übel Anfang, Ursache und Ende« (Weish 14, 27).

Paulus schreibt: »Einst, als ihr Gott noch nicht kanntet, wart ihr *Sklaven der Götter, die in Wirklichkeit keine sind.* Wie aber könnt ihr jetzt, da ihr Gott erkannt habt, vielmehr von Gott erkannt worden seid, wieder zu den schwachen und armseligen Naturmächten zurückkehren? Warum wollt ihr von neuem ihre *Sklaven* werden?« (Gal 4, 8 f).

Heute verehren die Menschen weniger die Naturgewalten als vielmehr die Mächte und Gewalten in Wirtschaft und Politik, in Unterhaltungsindustrie und Fernsehen. Es ist deshalb sehr hilfreich, wenn Du Dir jetzt einmal aufschreibst, was in Deinem Leben die Hauptsache ist, wer oder was Dich so sehr anzieht, daß Du davon nicht mehr loskommst; wer oder was in Deinem Leben eine Herrschaft ausübt. Es wäre für den weiteren Verlauf dieser Einübung sehr wichtig, daß Du Dir darüber klar wirst!

1. Wovon bin ich fasziniert, angezogen, begeistert?

....

2. Welche Pläne und Ziele habe ich für die nächsten Wochen und Monate?

....

3. Was möchte ich gerne haben und besitzen? Wovon träume ich?

....

Die Einübung in die christliche Grunderfahrung ist nur dann möglich, wenn Du diese Fragen ganz ehrlich beantwortest und Dich dabei gleichzeitig fragst: Wieviel Kraft investiere ich in die Verfolgung dieser meiner Pläne und Ziele? Was ist der eigentliche und *letzte* Sinn meines Lebens? Es hängt wirklich Entscheidendes davon ab, daß Du erkennst, wie sehr Du Gott aus Deinem Herzen verdrängst.

Beachte: Es ist gut und notwendig, daß Du in Deinem Berufsleben nach Sicherung der Existenz strebst. Aber wenn Du *nur* im Geldverdienen den Sinn Deines Lebens siehst, und wenn Du darüber hinaus nichts anderes erstrebst, dann ist eben das Geld Dein Gott. Jeder Mensch braucht ein wenig Anerkennung, aber wenn unser ganzes Sinnen und Trachten *nur und ausschließlich* darauf hinzielt, dann sind eben die anderen Menschen, bei denen wir um Anerkennung betteln, unsere Götter! Natürlich sollst Du für Deine Kinder sorgen, aber auch sie können zu Deinen Göttern werden, die Dein ganzes Leben beherrschen (vgl. Weish 14, 12–15). Wenn wir in *übertriebener* Weise Menschen oder Dinge verehren, *übertrieben* nach etwas streben, dann haben wir nicht mehr die Kraft, über das Verehrte und Erstrebte hinauszugehen, dann vertritt es für uns die Stelle Gottes und wird so zum Götzen!

Das Böse beginnt häufig mit der Übertreibung des Guten! Um dieser Übertreibung zu entgehen, kann es notwendig sein, daß wir bestimmte Bindungen, Ziele, Lieblingsgedanken *radikal* aufgeben: »Wenn dein rechtes Auge dich zum Bösen verleitet, so reiß es aus und wirf es weg! ... Und wenn dich deine rechte Hand zum Bösen verleitet, dann hau sie ab und wirf sie weg!« (Mt 5, 29 f). Es lohnt sich, so radikal gegen sich selbst zu sein, denn nur so bekommen wir es mit Gott selbst zu tun! Vielleicht müßtest Du nicht Deine Hand abhauen, sondern den Einschaltknopf an Deinem Fernsehgerät abmontieren und endlich einmal *Zeit* haben: für die Bibel, für Deine Familie, für das Gebet, für den charismatisch-kritischen Einsatz in der Gesellschaft.

Vierter Tag: Der persönliche, lebendige Gott

Der Gott, auf den wir uns in den folgenden Wochen einlassen, ist der Gott der Bibel, nicht der Philosophen. Gott ist nicht lediglich ein erstes oder höchstes Prinzip, unveränderlich, unbeweglich, das vom Geschehen in der Welt unberührt bleibt, auf die menschliche Geschichte nicht reagiert. Das Alte Testament stellt sich Gott *nach Art eines Menschen* vor, denn dieser Gott ist eifersüchtig, er erbarmt sich, er hat Leidenschaften, obwohl er zugleich unendlich anders ist als ein Mensch (»Gott bin ich, nicht Mensch, heilig in eurer Mitte«; Hos 11, 9).

Wichtig ist und bleibt, daß er eine *lebendige Person* ist, Herr über die Geschichte der Menschheit, Herr auch über die Geschichte Deines Lebens! Er kann, wenn Du ihn wirklich suchst, jederzeit eingreifen in Dein Leben, so wie er »in eigener Person« das Volk Israel aus Gefangenschaft und Knechtschaft herausgeführt hat:

»Der Herr, dein Gott, ist fressendes Feuer, er ist ein *eifersüchtiger Gott.* Du wirst ihn finden, wenn du dich mit ganzem Herzen und mit ganzer Seele um ihn bemühst. Denn der Herr, dein Gott, ist ein *barmherziger* Gott, er läßt dich nicht fallen und gibt dich nicht dem Verderben preis. Oder hat je ein Gott versucht, sich ebenso eine Nation mitten aus einer anderen herauszuholen, unter Prüfungen, unter Zeichen, Wundern und Krieg, mit starker Hand und hocherhobenem Arm? Das hast du sehen dürfen, damit du erkennst: Jahwe ist *der Gott,* kein anderer ist außer ihm. Weil er deinen Vater liebgewonnen hatte, hat er seine Nachkommen erwählt und dich in *eigener Person* durch seine große Kraft aus Ägypten geführt. Heute sollst du erkennen und dir zu Herzen nehmen: Jahwe ist der Gott im Himmel droben und auf der Erde unten, keiner sonst« (Dtn 4, 24. 29. 31. 34 f. 37. 39).

»Ihr seid meine Zeugen und meine Knechte, die ich erwählte, damit ihr erkennt und mir glaubt und einseht, daß *ich (für euch) da bin.* Vor mir wurde kein Gott erschaffen, und auch nach mir wird es keinen anderen geben. *Ich* bin Jahwe, *ich,* und außer mir gibt es keinen Retter. *Ich* allein bin Gott« (Jes 43, 10—12).

Gott offenbart sich als »Ich«, und er spricht uns an mit »Du« bzw. »Ihr«! Er ist ein *persönlicher* Gott und hat immer eingegriffen in die Geschichte seines Volkes. Er wird auch in *Deine*

Lebensgeschichte einbrechen, wenn Du ihn darum bittest. Er wird sich Dir zeigen!

Fünfter Tag: Er liebt Dich und ist bei Dir

Der persönliche Gott hat alle Menschen, auch Dich, aus Liebe erschaffen, und er will zu allen Menschen, auch zu Dir, in ein ganz persönliches Verhältnis treten.

»Denn du, Gott, liebst alles, was da ist, und verabscheust nichts von allem, was du gemacht hast; denn hättest du etwas gehaßt, du hättest es nicht geschaffen. Wie könnte etwas ohne deinen Willen Bestand haben, oder wie könnte etwas erhalten bleiben, das nicht von dir ins Dasein gerufen wäre?« (Weish, 11, 24 f).

»Wehe dem, der zum Vater sagt: Warum zeugtest du mich?, und zur Mutter: Warum brachtest du mich zur Welt? So spricht der Herr, Israels heiliger Gott und sein Schöpfer: Wollt ihr mir etwa Vorwürfe machen wegen meiner Kinder und Vorschriften über das Werk meiner Hände? Ich habe die Erde gemacht und die Menschen auf ihr geschaffen« (Jes 45, 10 f).

»Fürchte dich nicht, denn *ich habe dich befreit,* ich habe dich beim Namen gerufen, du bist mein. Wenn du durchs Wasser schreitest, bin ich bei dir, kein Strom reißt dich fort. Wenn du durchs Feuer gehst, wirst du nicht versengt, keine Flamme wird dich verbrennen. Denn ich, Jahwe, bin dein Gott, ich, Israels heiliger Gott, bin dein Retter. Fürchte dich nicht, denn *ich bin bei dir«* (Jes 43, 1—3. 5).

Der letzte Text gilt dem ganzen Volk, aber Du kannst ihn durchaus auf Dich persönlich beziehen, denn an vielen Stellen des Alten Testamentes sagt Gott *einzelnen* Menschen: »Ich bin bei Dir.« Du hast Dich nicht selbst gewollt und entworfen, Du mußt — ob Du willst oder nicht — Dein Leben von anderswoher entgegennehmen. Ist es nicht eine befreiende Botschaft, wenn die Bibel uns sagt: Nicht ein blinder Zufall, nicht die Gesellschaft, nicht andere Menschen sind Dein Ursprung, sondern ein liebender Gott, der nichts von dem verwirft, was er geschaffen hat? Der Dich zutiefst bejaht, mehr als je ein Mensch Dich bejahen und annehmen kann? Sicherlich gibt es Tage und Stunden (vielleicht stehen sie Dir noch bevor), in denen wir mit Ijob ausrufen möchten: »Ausgelöscht sei der Tag,

an dem ich geboren bin! Warum starb ich nicht vom Mutter-
schoß weg?« (Ijob 3, 3. 11). Wenn wir unser Leben, unseren
Charakter, unsere Fähigkeiten selbst hätten bestimmen und
planen können, hätten wir sicherlich vieles anders gemacht.
Hast auch Du Gott deswegen schon einmal Vorwürfe gemacht?
Vertraue auf sein Wort: Er ist bei Dir, er wird Dich befreien.
Er bejaht Dich so, wie er Dich geschaffen hat. Er ist bei Dir,
auch in ausweglosen Situationen!

Sechster Tag: Er hat einen Plan für Dein Leben

Wenn Gott uns aus Liebe ins Dasein gerufen hat, dann war
dies kein Willkürakt, dann steckt ein Plan dahinter. Der Gott
der Bibel behauptet von sich, daß er einen Plan für Dein und
mein Leben hat, für die Gesellschaft und für die weitere Entwicklung in der Welt.
Gott spricht: »Ich habe von Anfang an die Zukunft verkündet und
lange vorher gesagt, was erst geschehen sollte. Ich sage: *Mein Plan
steht fest,* und alles, was ich will, führe ich aus« (Jes 46, 10).
»Durch Christus sind wir als Erben vorherbestimmt und eingesetzt
nach dem *Plan* dessen, der alles so verwirklicht, wie er es in seinem
Willen beschließt« (Eph 1, 11).
Aber:
Gott spricht: »Meine Gedanken sind nicht eure Gedanken, und eure
Wege sind nicht meine Wege. So hoch der Himmel über der Erde ist,
so hoch erhaben sind meine Wege über eure Wege und meine Ge-
danken über eure Gedanken« (Jes 55, 8 f).
*Das Hauptproblem unseres Lebens sind nicht unsere unerfüllten
Wünsche und gestörten Pläne, sondern die unerfüllten Wünsche
und gestörten Pläne Gottes!*
Die Bibel behauptet, daß Gott für Dein Leben, Deine Familie,
Dein Volk, die Welt im ganzen, einen Plan hat. Die Bibel sagt
nicht, daß wir ihn durchschauen werden. Im Gegenteil: Der
Epheserbrief bezeichnet den Plan Gottes, den er uns in Jesus
Christus und in der Kirche geoffenbart hat, als »Geheimnis«. Gott
hat uns in Jesus Christus seinen Weltplan und auch seinen Plan
mit einem jeden von uns geoffenbart. Damit wird das Geheimnis aber nicht abgeschafft, sondern gerade erst offenbar. Auch

Jesus selbst hat den Plan Gottes mit ihm nicht von Anfang an gekannt, und am Ölberg hat sich seine menschliche Natur dagegen aufgebäumt, daß sich an ihm das Schriftwort erfüllen *muß*: Er wurde zu den Verbrechern gerechnet (Lk 22, 37—46). Die Evangelisten betonen häufig jenes unbegreifliche »Müssen«, das den Plan Gottes mit Jesus offenbar macht. Er hat sich diesem Plan Gottes anvertraut, bis in die »Sinnlosigkeit« seines Todes hinein. Am Kreuz hat er den Plan Gottes als unbegreifliches Geheimnis an sich *erfahren*. Am Kreuz hat Gott seinen ewigen Plan »ausgeführt« (Eph 3, 11).

Auch wir werden den Plan Gottes mit uns und an uns erfahren, aber wir werden ihn nie begreifen. Gott will sich nämlich uns selbst schenken, sich an uns weggeben, wie er es im Kreuz seines Sohnes geoffenbart hat. Wer wollte so etwas begreifen? Deshalb heißt es im Epheserbrief ebenfalls: »In ihm [Jesus Christus] haben wir den freien Zugang durch das *Vertrauen*, das der Glaube uns schenkt. Deshalb bitte ich euch, nicht wegen der *Leiden* zu verzagen, die ich für euch ertrage« (Eph 3, 12). Wir *erfahren* das Geheimnis des göttlichen Planes mit uns in dem Maße, als wir uns diesem Geheimnis anvertrauen. Auch für den Christen werden nicht alle Fragen einfachhin gelöst, aber er kann in der Nachfolge Christi *mit ungelösten Fragen leben!* Unsere eigenen Pläne und Wünsche werden immer wieder *durchkreuzt,* aber wir werden solche Erfahrungen nie als »sinnlos« bezeichnen, wenn wir uns von Gott das Urvertrauen zurückschenken lassen, das uns Jesus Christus vorgelebt und in seinem Tod bezeugt hat.

Der Christ arbeitet unter Einsatz aller Kräfte an jeglichem Fortschritt mit, an der notwendigen Änderung der Gesellschaft, aber nicht aufgrund irgendeiner weltlichen Heilslehre (Ideologie), der es nicht in erster Linie um die Wahrheit, sondern um die Durchsetzung politischer Ziele geht, sondern weil er weiß, daß Gott mit der Welt einen *Plan* hat und alle Menschen liebt. Er gibt deshalb die Hoffnung auf Änderung ungerechter Strukturen auch dann nicht auf, wenn andere vielleicht schon resigniert haben. Sein Kampfmittel ist nicht der Haß, sondern die Selbstweggabe. Er hält deshalb einen *kritischen Abstand* von allen Heilslehren, die von Menschen gemacht sind. Er weiß: Wenn die Welt, die Politik, die Wirtschaft, einzig und allein von Plänen regiert werden, die *Menschen* machen, dann führt dies zu einer unerträglichen Herrschaft von Menschen über Menschen, dann ist Terror unausweichlich: der Terror des Geldes und der Bürokraten. Wer sich dagegen den Plänen *Gottes* ausliefert, verändert die Welt!

Siebter Tag: Wer sein Leben liebt, verliert es

»Auch einige Griechen waren unter den Pilgern, die beim Fest *Gott anbeten* wollten. Sie traten an Philippus heran und baten ihn: Herr, wir möchten *Jesus sehen*« (Joh 12, 20 f).

Am Ende der ersten Woche wird uns klar, daß wir uns schon immer — wenn auch vielleicht nicht mit vollstem Bewußtsein — entweder für den Zufall oder für Gott entschieden haben. So geht es uns wie jenen Griechen, die ein anfanghaftes Interesse daran haben, diesen Gott näher kennenzulernen. Wir sind dabei auf Jesus gestoßen und möchten ihn natürlich auch einmal »sehen«. Wird er uns empfangen?

»Jesus antwortete ihnen: Die Stunde ist gekommen, daß der Menschensohn verherrlicht wird. Amen, Amen, ich sage euch: Wenn das Weizenkorn nicht in die Erde fällt und stirbt, bleibt es allein; wenn es aber stirbt, bringt es reiche Frucht. *Wer sein Leben liebt, verliert es*; wer aber sein Leben in dieser Welt haßt, wird es bewahren bis ins ewige Leben. Wer mir dienen will, folge mir nach; wo ich bin, dort wird auch der sein, der mir dient. Wer mir dient, den wird der Vater ehren« (Joh 12, 23—26).

Jesus ist nicht irgendein Wundertäter, der alles weiß und alles kann, den man sich einmal »ansehen« möchte. Wer ihn kennenlernen will, hat keine andere Wahl, als ihm nachzufolgen in die Selbstweggabe. Der Evangelist Johannes verkündet im Gleichnis vom Weizenkorn das Hohelied des Todes: Das Weizenkorn darf nicht allein, das heißt, es selbst bleiben wollen. Es muß sterben, seine Schale durchbrechen und sich selbst aufgeben, wenn es Frucht tragen will. Ein Weizenkorn, das für sich bleiben will, das gleichsam auf seine private Existenz bedacht ist, bleibt in sich selbst *sinnlos*, es verfault. Wenn es aber sich selbst aufgibt, seine Schale durchbricht und stirbt, erfüllt es seinen Sinn: Es bringt reiche Frucht.

Hier wird deutlich, inwiefern christliche Sinnerfahrung die Annahme und Vorwegnahme des eigenen Todes ist: Wer *nur* aus dem Motiv und der Absicht heraus lebt, sich selbst zu verwirklichen, sich möglichst viel Anerkennung, Ehre, Macht, Besitz zu verschaffen, wird nicht zu jenem Gott finden, der ihm das Dasein gegeben hat. Sein Leben bleibt zutiefst sinnlos, weil er sich selbst zu wichtig nimmt. Wer allzusehr auf sich selbst achtet, wird sich nie selbst finden! Selbstfindung wird *geschenkweise* hinzugegeben, wenn wir Jesus nachfolgen, wenn wir mit ihm sterben.

Natürlich sind dies harte Worte, unangenehme Forderungen. Niemand hört sie gerne, und auch derjenige, der sie anderen verkündet, kommt sich unehrlich vor. Vielleicht will Gott uns aber in den folgenden sechs Wochen ein wenig mehr zeigen, wer er ist und wie er ist. Er selbst hat uns gedient in Jesus Christus, und dieser wiederum fordert uns auf zum Dienst an anderen. Wir werden den Sinn unseres Lebens erst dann erfahren, wenn wir im Auftrag Jesu sein Wirken fortsetzen und uns dazu mit jenen *»Dienstgnaden«* ausrüsten lassen, mit jenen Geistesgaben und Charismen, die der Geist Jesu einem jeden von uns je nach seinen Fähigkeiten zuteilen will (vgl. 1 Kor 12, 4–11). Wenn wir uns für sie öffnen und in ihrer Kraft Jesus dienen, wird der Vater uns »ehren«. Damit ist gemeint: Wir erfahren die tiefste Bejahung, Anerkennung, »Ehrung« durch Gott, wenn wir uns in der Kraft unserer Geistesgaben »charismatisch« für andere einsetzen, ihnen dienen. Eine Erneuerung der Charismen in der Kirche, eine Offenheit auch für solche, die seit vielen Jahrhunderten fast vergessen sind, ist aber nur dann möglich, wenn wir selbst sterben, wenn wir nicht uns selbst verkünden und ausbreiten wollen, sondern Jesus Christus als den Erlöser und einzigen Offenbarer Gottes. Am Anfang der charismatischen Erfahrung steht deshalb die Annahme des eigenen Todes, die uns wie nichts anderes unsere eigene *Unwichtigkeit* bewußt macht. Wir brauchen die Bejahung unseres Daseins wie die Luft zum Leben, aber wir erfahren sie nur in dem Maße, als wir dieses Dasein und damit uns selbst an Gott zurückgeben.

Wir werden in den vier letzten Wochen des Seminars noch

genauer von den Dienstgnaden, den Charismen, sprechen. Bevor wir für die mit ihnen zugleich geschenkte intensivste Selbsterfahrung, Freude und Liebe offen sein können, ruft Gott uns zur *Umkehr*: Überdenke noch einmal, was Du Dir am dritten Tag dieser Woche notiert hast: Wer oder was ist Dein Gott? Welchen »Gott« betest Du an? Von wem oder von was erwartest Du den Sinn Deines Lebens?

> »Weißt du nicht, daß Gottes Güte dich
> zur Umkehr treibt?«
> (Röm 2, 4).

Zweite Woche: Gott

Erster Tag: Laut und persönlich beten
Zweiter Tag: Erweckung durch den Geist Gottes
Dritter Tag: Gottes Liebe zu uns ist nicht weniger erfahrbar als die
  Liebe zwischen Mann und Frau
Vierter Tag: Dein Antlitz will ich suchen
Fünfter Tag: Wer mich gesehen hat, hat den Vater gesehen
Sechster Tag: Wer Jesus begegnet, gerät außer sich
Siebter Tag: Jesus ist der Herr!

Erster Tag: Laut und persönlich beten

Du hast damit begonnen, Dich auf Gott einzulassen, und er
verheißt Dir ein neues Leben, einen neuen Anfang. Er will sich
uns wirklich zu erfahren geben, will eindringen, nicht nur in
unseren Verstand, nicht nur in unseren Willen, sondern auch
in die Tiefen unserer Gefühle und Emotionen: Er will Deine
ganze Person erfassen! Die innerste Mitte Deiner Person, wo
Sinnlichkeit, Wille und Verstand in ihrer Einheit lebendig sind,
bezeichnet die Bibel als »Herz«. Gott verheißt Dir, daß er in
eben dieses Herz den Geist seines Sohnes senden will (Gal 4,
6), und dieser Geist befähigt Dich zu einer Weise des Betens,
die Du vielleicht bisher nicht gekannt hast.
Hast Du in der ersten Woche einmal versucht, *persönlich und
laut* zu Gott zu sprechen? Nicht in überlieferten Formeln, die
man mehr oder weniger gedankenlos aufsagt, sondern etwa so:
»Mein Gott, ich danke dir, daß du mich geschaffen hast. Du
hast mich geliebt, bevor du mich erschufst, und ich wäre nicht
hier und jetzt da ohne diese deine Liebe. Ich vertraue deinen
Verheißungen und bitte dich: Befreie mich von allen Bindungen, die mich daran hindern, mein Leben und meinen Tod an
dich zurückzugeben.« Wenn Du versuchst, in dieser ganz persönlichen Weise laut mit Gott zu sprechen, dann wirst Du

vielleicht schon nach den ersten Sätzen steckenbleiben. Vielleicht hast Du bemerkt, daß Du Dich vor Dir selbst *schämst* (mir ist es jedenfalls beim ersten Mal so ergangen!). Warum eigentlich? Nicht nur weil Du diese Weise des Betens nicht gewohnt bist, sondern weil Du etwas aussprichst, das von Deiner Alltagserfahrung nicht ganz gedeckt ist. Wenn Du laut und persönlich betest, dann setzt Du ja voraus, daß derjenige, zu dem Du sprichst, jetzt und hier anwesend ist. Es hat keinen Sinn, laut zu jemandem zu sprechen, wenn dieser »Jemand« gar nicht da ist, Dich also auch nicht hören kann. Du bist wahrscheinlich nicht so ganz davon überzeugt, daß Gott wirklich ganz nah anwesend ist und Dir gerne zuhört. Du kommst Dir irgendwie unehrlich vor, wenn Du dies voraussetzt, und erschrickst bei dem Gedanken, daß Du Gott jetzt ganz direkt, »Auge in Auge«, gegenüberstehst. Wenn Du Dich zum ersten Mal in dieser Weise selbst mit Gott sprechen hörst, dann wird nämlich Dein Verhältnis zu Gott gleichsam »sinnlich«, denn Du hörst ja Dich selbst sprechen. Dann wird es ernst, dann kannst Du nicht mehr zurück, denn dieses Sprechen ist zugleich ein *Bekenntnis* vor Dir selbst. Und eben deshalb schämst Du Dich vor Dir selbst!

Es hat einmal jemand gesagt: Als ich zum ersten Mal in dieser Weise betete, hatte ich das Gefühl, etwas »Unanständiges« zu tun. Was ist damit gemeint? Wenn wir auswendig gelernte Gebete im Gedächtnis aufsagen, dann schonen wir gleichsam unsere Gefühle und Emotionen. Vielleicht haben wir die willentliche *Absicht*, Gott aus ganzem Herzen zu lieben, aber in einem solchen Willensakt ist nicht unser ganzes Herz, sind nicht alle unsere Kräfte wirklich bei Gott. Wenn wir dagegen laut aussprechen: »Mein Gott, ich liebe dich«, dann werden auch unsere Gefühle und Emotionen wach, und dann wird uns schlagartig bewußt, daß diese ja *keineswegs verchristlicht*, nicht wirklich bei Gott sind! Wir sind mit unserem Herzen meistens nicht bei Gott, sondern zerstreut in die vielfältigen Besorgungen und Aufgaben, wir sind von vielen Dingen und Personen fasziniert, betroffen, angezogen. Deshalb müssen wir uns, wenn wir beten wollen, zunächst konzentrieren, müssen einen Anlauf nehmen, und wir ertappen uns dann sehr schnell dabei, daß wir »unandächtig« sind. Wir können nicht wirklich von uns sagen, daß wir Gott »aus ganzem Herzen« lieben, und deshalb kommen wir uns unanständig vor, wenn wir uns selbst sprechen hören: »Mein Gott, ich liebe dich.«

Dies liegt zum Teil aber auch daran, daß man uns seit Jahrhunderten gepredigt hat: Religion ist in erster Linie Verstandessache, Gefühle sind ungewiß und beweisen gar nichts! Du darfst so etwas wie »Freude an Gott« niemals äußern, vor allem nicht vor anderen, denn Religion ist Privatsache, sie gehört in eine verschwiegene Innerlichkeit hinein und nicht in die »Öffentlichkeit«! Man hat die Freude an Gott tabuisiert. Gott selbst aber ist dabei, dieses Tabu zu brechen, indem er viele Menschen auf der ganzen Welt zu einer neuen Freiheit erweckt. Ein Befreiungsprozeß setzt ein, wenn wir keine Angst mehr haben, uns Gott in einem großen *Urvertrauen* zu überlassen und unsere Liebe zu ihm vor uns selbst und vor anderen zu bekennen.

Allerdings: Du kannst Deine Scham und Angst nicht aus eigenen Kräften überwinden! Ein altes Konzil aus dem Jahre 529 belehrt uns: Der Anfang des Glaubens, ja selbst die *Glaubensemotion,* wodurch wir an Christus glauben und zur (Umkehr und) Taufe geführt werden, ist nicht auf natürliche Weise in uns, sondern *durch die Einwirkung des Heiligen Geistes,* der unseren Willen vom Unglauben zum Glauben führt. Wenn wir also beten, dann müssen nicht wir aus eigenen Kräften einen Anlauf nehmen und uns zur Ruhe und Sammlung zwingen, sondern der Geist Gottes selbst betet in uns: »Der Geist nimmt sich unserer Schwachheit an. Denn wir wissen nicht, wofür wir in rechter Weise beten sollen; der Geist selber tritt jedoch für uns ein mit unaussprechlichem Seufzen« (Röm 8, 26). Er selbst ruft in uns und wir mit ihm: »Abba, Vater« (Röm 8, 15; Gal 4, 6). Gott ist also nicht nur eine Wirklichkeit außerhalb unserer selbst, auf die wir uns verstandesmäßig oder willentlich ausrichten, sondern er will *als* Heiliger Geist in unseren Tiefen anwesend sein und uns so zu sich selbst hinführen! Gebet ist also ein Vorgang *in Gott selbst*: Der Geist Gottes betet in uns durch Christus zum Vater, zu jenem Gott, den wir nicht sehen und hören können. Die Dynamik Gottes selbst also ist in uns am Werke: Wir beten niemals nur *zu* Gott, sondern auch *in* Gott.

Bist Du davon wirklich überzeugt, oder mußt auch Du (ebenso wie ich) zunächst einmal zugeben, daß Du in Deinem tiefsten Herzen Gott-los bist? Daß Du eine solche unglaubliche Anwesenheit Gottes in Dir selbst gar nicht für möglich hältst oder daß Dir der Gedanke daran unangenehm ist (weil er Konsequenzen hat)? Vertraue den Verheißungen Gottes: Er selbst will in Dir einen neuen Anfang machen, er wird Dich führen, und er wird Dich auch befähigen, die nötigen Konsequenzen zu ziehen! Überlasse Dich der Führung Gottes, seiner Dynamik, die in Dir frei werden will. In Deiner Tiefe ist ein Brunnen lebendigen Wassers (es ist nicht wahr, daß Du innerlich ganz »trocken« bist wie eine Wüste ohne belebendes Wasser). Du brauchst Gott nur zu bitten, den Schutt wegzuräumen, und der Brunnen beginnt zu fließen! Gebet ist dann für Dich keine reine Pflichtübung mehr, sondern Du wirst verstehen, was Paulus meint, wenn er uns auffordert: »Betet unablässig« (Eph 6, 18).

Wenn es Dir möglich ist, dann sprich über dies alles mit anderen, laß Dir von ihnen die Gottlosigkeit Deines Herzens aufdecken, laß Dich von ihren Erfahrungen anregen und bereichern. Es ist sicherlich ein weiterer Schritt, wenn Ihr dann auch *voreinander* laut und persönlich zu Gott betet, wenn Ihr auf diese Weise Euren Glauben und Eure Liebe zu Gott voreinander bekennt. Dies ist im Neuen Testament durchaus vorgesehen: »Wer sich *vor den Menschen* zu mir bekennt, zu dem wird sich auch der Menschensohn vor den Engeln Gottes bekennen« (Lk 12, 8), aber wir sind so etwas einfach nicht gewohnt. Vielleicht wird es Dir dann so ergehen wie jenem Ungläubigen, der in die Gebetsversammlung der Gemeinde von Korinth kam und aufgrund des Glaubenszeugnisses der Anwesenden den verborgenen Widerstand seines Herzens entdeckte (1 Kor 14, 24 f). Vielleicht wirst Du dann ähnlich wie er erstaunt ausrufen: »Wahrhaftig, Gott ist unter uns!« Wenn Dir diese Weise des Betens aber Schwierigkeiten macht, dann warte noch einige Zeit. Wir werden zu Beginn der fünften Woche noch mehr über dieses »soziale« Beten sagen.

Aber auch wenn Du allein betest, bist Du nicht allein! Mit Dir und für Dich beten Hunderttausende Christen auf der ganzen Welt, die Gott auf ähnliche Weise zur Erfahrung seiner machtvollen Anwesenheit erweckt hat. Er ist immer noch der lebendige und treue Gott, der in der zweiten Hälfte des 20. Jahrhunderts sein Volk aufs neue sammelt und in die von ihm verheißene Zukunft führt.

Zweiter Tag: Erweckung durch den Geist Gottes

In den Stammländern des Christentums werden (in allen traditionellen Großkirchen) von Jahr zu Jahr die Gottesdienste leerer. Immer mehr Menschen wenden sich von den Kirchen ab, und zwar auch dann, wenn kein äußerer Druck ausgeübt wird. Gleichzeitig erweckt Gott in allen Kirchen Menschen zu neuer Glaubensfreude, zur Erfahrung seiner machtvollen Anwesenheit. Der Prophet Ezechiel hat in einer Vision einen solchen Vorgang der Erweckung des Gottesvolkes gezeigt. In dem folgenden Text kommt dreimal die Formulierung vor: »Ihr werdet erfahren, daß ich der Herr bin.« Diese Verheißung gilt auch heute der ganzen Kirche, und in ihr jedem ganz persönlich.

»Der Herr brachte mich im Geist hinaus und versetzte mich mitten in die Ebene, die voll von Gebeinen war. Er führte mich ringsum an ihnen vorüber, und ich sah sehr viele über die Ebene verstreut liegen; sie waren ganz ausgetrocknet. Er fragte mich: Meinst du, Mensch, daß diese Gebeine wieder *lebendig* werden? Ich antwortete: Herr und Gott, das weißt nur du. Da sagte er zu mir: Sprich als Prophet über diese Gebeine und sag zu ihnen: Ihr trockenen Gebeine, hört das Wort des Herrn! So spricht Gott, der Herr, zu diesen Gebeinen: Ich selbst hauche euch Atem ein, damit ihr *lebendig* werdet. Ich spanne Sehnen über euch und umgebe euch mit Fleisch; ich überziehe euch mit Haut und hauche euch Atem ein, damit ihr *lebendig* werdet. Dann werdet ihr *erfahren,* daß ich der Herr bin. Er sagte zu mir: Mensch, diese Gebeine sind das ganze Haus Israel. Jetzt sagt Israel: Ausgetrocknet sind unsere Gebeine, *unsere Hoffnung ist untergegangen,* wir sind verloren. Deshalb tritt als Prophet auf und sage zu ihnen: So spricht Gott, der Herr: Ich öffne eure Gräber und hole euch, mein Volk, aus euren Gräbern heraus. Ich bringe euch zurück in das Land Israel. Wenn ich eure Gräber öffne und euch, mein Volk, aus euren Gräbern heraufhole, dann werdet ihr *erfahren*, daß ich der Herr bin. Ich hauche euch meinen *Geist* ein, damit ihr *lebendig* werdet, und bringe euch wieder in euer Land. Dann werdet ihr *erfahren*, daß ich der Herr bin. Ich habe gesprochen, und ich führe es aus« (Ez 37, 1—14).

Gott hat schon oft und immer wieder in die Geschichte seines Volkes eingegriffen, und zwar gerade dann, wenn das geistliche Leben ausgetrocknet, wenn alle Hoffnung untergegangen war. Im Alten Bund hat Gott eingegriffen durch seine mächtigen Geschichtstaten. Der größte Eingriff Gottes in die Geschichte war die Menschwerdung seines Sohnes. Im Neuen Bund ist der Geist Gottes zugleich der Geist Jesu Christi, der Heilige Geist, der »Herr ist und lebendig macht«, wie wir im Glaubensbekenntnis beten. Indem Gott sein Volk als Ganzes zu neuem Leben erweckt, greift er auch ein in die Lebensgeschichte der vielen einzelnen: In der Vision wird geschildert, wie die ausgetrockneten Gebeine auferstehen. Auferstehung aber ist etwas sehr Persönliches: »Ich hauche euch meinen Geist ein, damit *ihr* lebendig werdet!« Wir werden lebendig gemacht als dieselben, die vorher ausgetrocknet und ohne Hoffnung waren. Niemand kann an Deiner Stelle zu neuem Leben erweckt werden, und deshalb bist Du in dieser Situation auch ganz persönlich gemeint! Vertraue auf die Verheißung Gottes, er wird in den kommenden Wochen auch Dir neues Leben schenken, und Du wirst an bestimmten Zeichen erkennen, daß Gott auch der Herr über die Geschichte Deines Lebens ist!

Dritter Tag: Gottes Liebe zu uns ist nicht weniger erfahrbar als die Liebe zwischen Mann und Frau

In der Bibel wird der Bund Gottes mit den Menschen häufig verglichen mit dem Ehebund und der Unglaube dementsprechend mit dem Ehebruch. Zwei Menschen, die sich lieben, haben nicht nur die *Absicht*, sich zu lieben, sondern sie *erfahren* ihre Liebe, sie wissen um sie, sie wissen, daß sie sich lieben, und sie können deshalb über ihre Liebe auch mit anderen

sprechen. Wenn Du Dich der Anwesenheit des Heiligen Geistes
in Dir ganz öffnest, dann wirst Du die Liebe Gottes in Dir
auch mit Deinen Sinnen, gleichsam leiblich, erfahren:

»An jenem Tag wirst du zu mir sagen: ›Mein Gemahl‹, und nicht mehr
›mein Baal‹[10]. Ich lasse die Namen der Baale aus ihrem Mund ver-
schwinden, so daß niemand mehr ihren Namen anruft. Ich schließe
für Israel an jenem Tag einen Bund ... Ich traue dich mir an auf
ewig; ich traue dich mir an in Gerechtigkeit und Recht, in Liebe und
Erbarmen. Ich traue dich mir an in Treue, auf daß du erkennst (erfährst), daß ich der Herr bin« (Hos 2, 18—22).
»Der Herr hat seine Freude an dir, und dein Land wird vermählt.
Wie der junge Mann sich mit dem Mädchen vermählt, so vermählt
sich mit dir dein Schöpfer. Wie der Bräutigam sich freut über die
Braut, so freut sich über dich dein Gott« (Jes 62, 4 f).
»Ich stehe an der Tür und klopfe. Wenn einer meine Stimme hört
und die Tür öffnet, werde ich bei ihm eintreten, und ich werde mit
ihm und er wird mit mir Mahl halten« (Offb 3, 20).

Es ist kein Zufall, daß der ganze Inhalt der Bibel sich in dem
Wort »Bund« zusammenfassen läßt: Alter und Neuer Bund.
Bund ist immer ein Verhältnis unter Personen (Tiere können
keinen Bund schließen), und er entsteht aus einem persönlichen
Ja-Wort der Bundespartner. Beim Abschluß des Ehebundes
werden die Ehegatten ausdrücklich gefragt: Willst du mit dem
hier anwesenden Mann, der hier anwesenden Frau einen blei-
benden Bund schließen? Der Ehebund findet seinen tiefsten
Ausdruck in der leiblichen Vereinigung. Diese wird in den
Ursprachen der Bibel mit »erkennen« bezeichnet (Gen 4, 1. 17;
1 Sam 1, 19; Mt 1, 25; Lk 1, 34). Erkennen meint hier also
keineswegs eine rein verstandesmäßige Einsicht, sondern *sinnenhafte Erfahrung*. Auch das Mahl als Ausdruck der Vermählung
ist eine solch sinnenhafte Erfahrung von Gemeinschaft.
Kannst Du also von Dir sagen, daß Du die Liebe Gottes zu
Dir in diesem Sinne als Bund erfahren hast? Wenn zwei Menschen sich fest, treu, stark und innig lieben, wenn sie sich ver
mählt haben, dann ändert sich ihr Leben. In der Taufe ist
Gott schon in Dein Leben eingetreten, aber ist der Taufbund
für Dich so konkret und folgenreich wie der Ehebund der
Ehegatten? Eheliche Liebe ist durchaus emotional. Bist auch Du
von Gott bis in die Tiefe Deiner Gefühle und Emotionen

erfaßt? Er steht an der Tür und klopft an und will mit Dir Mahl halten! Öffne ihm, jetzt! Bete in der Kraft seines Heiligen Geistes zu ihm!

Wenn wir einen Bund schließen, dann verpflichten wir uns auch zur Treue. Gott ist immer treu, und diese seine Treue ändert sich nicht! Er hält sein Angebot immer aufrecht, auch wenn wir uns von ihm abgewandt haben. Wie ist es mit Deiner Treue? Hast Du wirklich die falschen Götter schon ganz aus Deinem Leben ausgeräumt? Zur Treue gehört auch das Durchhalten. Nimm Dir deshalb vor, diese sieben Wochen durchzuhalten, und nimm Dir Zeit für Gott! Jeden Tag wenigstens dreißig Minuten. Wenn Du das Wort des Lebens wirklich in Dich hineinläßt, dann wird es Dich den ganzen Tag über begleiten!

Vierter Tag: Dein Antlitz will ich suchen

Die Bibel behauptet: In allem, was wir tun und erstreben, suchen wir im Grunde Gott selbst. Auch in Dir lebt das Verlangen, Gott zu erfahren, ihn zu sehen und zu hören, auch und gerade dann, wenn Du Dich von ihm abgewandt hast und andere Mächte und Kräfte verehrst. Gott aber fordert Dich immer wieder, auch jetzt, in diesem Augenblick, auf, ihn mit der ganzen Liebe Deines Herzens zu suchen:

»Mein Herz denkt an dein Wort: ›Sucht mein Angesicht!‹ Dein Angesicht, Herr, will ich suchen. Verbirg nicht dein Gesicht vor mir; weise deinen Knecht im Zorn nicht ab!« (Ps 27, 8 f).

Als das Volk durch die Wüste wanderte, durch Hitze und Trockenheit, wollte Mose aufs neue Gewißheit haben, ob denn nun Gott selbst in die Geschichte seines Volkes eingegriffen habe, er wollte ihn selbst schauen und erfahren:

»Laß mich doch deine Herrlichkeit sehen! Der Herr gab zur Antwort: Ich will meine ganze Schönheit an dir vorüberziehen lassen und den Namen des Herrn vor dir ausrufen. Ich bin gnädig, wem ich gnädig bin, und ich schenke Erbarmen, wem ich will. Weiter sprach er: Du kannst mein Angesicht nicht sehen; denn kein Mensch kann mich sehen und am Leben bleiben... Mein Angesicht kann niemand sehen« (Ex 33, 18—23).

Auch Dich wird der Herr führen. Du wirst zwar nicht ihn selbst sehen und hören, er *bleibt* das selige *Geheimnis* Deines Lebens, aber Du wirst *etwas* von diesem Geheimnis sehen und hören, wenn Du Dich ihm in den kommenden Wochen öffnest, und Dein Verlangen nach Gott wird wachsen!

Fünfter Tag: Wer mich gesehen hat, hat den Vater gesehen!

Den Alten Bund läßt der Neue Bund weit hinter sich. In ihm überbietet Gott sich selbst, indem er sein ureigenstes Du, seinen »Sohn«, für uns dahingibt (Röm 8, 32). Der Mensch Jesus von Nazaret ist für uns das Bild und Antlitz Gottes, und in der Kraft seines Geistes sollen wir zur *Erfahrung* des göttlichen Glanzes auf dem Antlitz Christi kommen (2 Kor 4, 6). Jesus hat wie kein anderer Mensch Gott erfahren. Er läßt uns an dieser seiner Erfahrung teilnehmen, an dem, was er selbst gesehen und gehört hat.

»Er, der von oben kommt, steht über allen; wer von der Erde stammt, ist irdisch und redet irdisch. Er, der aus dem Himmel kommt, steht über allen. Was er *gesehen und gehört* hat, bezeugt er, doch niemand nimmt sein Zeugnis an. Wer sein Zeugnis annimmt, besiegelt, daß Gott wahrhaftig ist. Denn der, den Gott gesandt hat, redet die Worte Gottes; denn *unbegrenzt gibt er den Geist.* Der Vater liebt den Sohn und hat alles in seine Hand gegeben. Wer an den Sohn glaubt, hat das ewige Leben; wer aber dem Sohn nicht gehorcht, wird *das Leben nicht schauen,* sondern Gottes Zorn bleibt auf ihm« (Joh 3, 31—36).

Die Worte Jesu an Philippus gelten auch Dir:

»Ich bin der Weg, die Wahrheit und das Leben; niemand kommt zum Vater, außer durch mich. Wenn ihr mich erkannt (erfahren) habt, werdet ihr auch meinen Vater erkennen (erfahren). Schon jetzt erkennt (erfahrt) ihr ihn und habt ihn gesehen. Philippus sagte zu ihm: Herr, zeig uns den Vater, und es genügt uns. Jesus antwortete ihm: Schon so lange bin ich bei euch, und du hast mich nicht erkannt, Philippus? *Wer mich gesehen hat, hat den Vater gesehen«* (Joh 14, 6—9).

Glaube diesem Wort! Du wirst den Gott, der Dich erschaffen hat, um mit Dir einen Bund zu schließen, nur in diesem Menschen Jesus von Nazaret finden!

Sechster Tag: Wer Jesus begegnet, gerät außer sich

Was wir gestern von Johannes gehört haben, gewinnt Farbe und Gestalt, wenn wir lesen, wie die Menschen in der Begegnung mit Jesus außer sich geraten. Man mag über Einzelheiten der Berichte von Jesu Wort und Tat denken, wie man will (sie sind geformt von der Geisterfahrung der Urkirche, aufgrund deren alle, auch Nicht-Christen, außer sich geraten sind, wie Lukas Apg 2, 12 betont): Wer Jesus konkret, leibhaftig begegnet, ist von ihm fasziniert. Wir wollen nur einen der vielen Berichte lesen:

»Nachdem Jesus sich von den Leuten verabschiedet hatte, ging er auf den Berg, um zu *beten.* Als der Abend anbrach, war das Boot [der Jünger] mitten auf dem See, er aber war allein am Ufer. Und er sah, wie sie sich beim Rudern abmühten, denn sie hatten Gegenwind. Da ging er auf dem See zu ihnen, wollte aber an ihnen vorübergehen. Als sie ihn über das Wasser gehen sahen, meinten sie, es sei ein Gespenst und schrien auf. Alle *sahen* ihn und erschraken. Doch er begann mit ihnen zu sprechen und sagte: *Habt Vertrauen, ich bin es; habt keine Angst!* Dann stieg er zu ihnen in das Boot, und der Wind legte sich. Sie aber waren *bestürzt und außer sich.* Denn als das mit den Broten geschah, kamen sie noch nicht zur Einsicht; ihr Herz war verblendet« (Mk 6, 46—52).

Alles, was Jesus sagt und tut, kommt aus der *Anbetung,* zu der er sich immer wieder zurückzieht. Kein Mensch hat so wie er Gott *erfahren* (wir werden in der vierten Woche davon noch sprechen). Seine Zeitgenossen müssen dies gespürt haben. Sie sind von seiner Erscheinung, von seinen Worten und seinen Wundern zutiefst betroffen, fasziniert, erschrocken und zugleich angezogen. Jesus war ein außer-gewöhnlicher Mensch, der alle Maßstäbe sprengte. Nach der Heilung eines Stummen staunten die Menschen und sagten: »Noch nie hat man solches erlebt in Israel« (Mt 9, 33). Diese Faszination von der Gestalt Jesu hat den obigen Bericht mitgestaltet.

Wenn wir Jesus konkret begegnen, wenn er ganz unvermutet an uns vorübergeht, dann erschrecken wir. Über seine Einladung zur Selbstweggabe sind wir bestürzt (vgl. Mk 10, 24), aber auch uns sagt dieser Jesus: *»Habt Vertrauen, ich bin es, habt keine Angst!«* Du wirst außer Dir sein, wenn Du es mit

Jesus selbst zu tun bekommst, wenn Du die Anwesenheit seines Geistes in Dir erfährst. Du wirst die Kraft erhalten, zu übersteigen und hinter Dir zu lassen, was Dich sonst noch fasziniert und begeistert hat: Du bekommst es mit Gott selbst zu tun, wenn Du Jesus begegnest! Laß ihn deshalb nicht an Dir vorübergehen!

Siebter Tag: Jesus ist der Herr!

In der Gemeinde von Korinth war die Frage entstanden, wie man echte Erfahrungen der Anwesenheit des Heiligen Geistes von unechten unterscheidet. Paulus antwortet:

»Über die Gaben des Geistes möchte ich euch, meine Brüder, nicht in Unkenntnis lassen. Als ihr noch Heiden ward, wurdet ihr, wie ihr wißt, *zu den stummen Götzen hingezogen und fortgerissen.* Darum erkläre ich euch: Keiner, der aus dem Geist Gottes redet, sagt: Jesus sei verflucht! Und keiner kann sagen: Jesus ist der Herr, wenn er nicht aus dem Heiligen Geist redet« (1 Kor 12, 1—3).

Die Gemeinde von Korinth war umgeben von einem religiös erregten Heidentum, und dies war nicht ohne Einwirkung auf ihren Gottesdienst geblieben. So gab es offenbar Heidenchristen, die leugneten, daß der gekreuzigte Mensch Jesus Christus die Offenbarung Gottes an die Welt ist. Deshalb haben sie ihn verflucht. Paulus führt diese Verfluchung auf eine emotionale Erregung zurück, die nicht vom Heiligen Geiste kommt. Er erinnert deshalb die Korinther an ihr früheres Leben, in welchem sie zu den stummen Götzen hingerissen, von ihnen fasziniert und angezogen waren. Nicht diese Erfahrung als solche wird von Paulus kritisiert, sondern das, worauf sie sich richtet, ihr *Inhalt.* Lies jetzt noch einmal nach, was Du am dritten Tag der ersten Woche aufgeschrieben hast: Wovon bist Du fasziniert, angezogen, begeistert? Wenn Du von irgendeinem Menschen, von der Technik, von Sporthelden oder Schlagersängern, von politischen Führern oder auch von Deinem Hobby fasziniert und angezogen bist, dann ist dies *an sich* nicht schlecht und braucht Dich nicht von Gott zu trennen. Wenn Du jedoch nicht darüber hinausgehst, wenn Deine Begeisterung diese Menschen oder Dinge nicht auf Gott hin übersteigt, dann werden sie für Dich zu stummen Götzen. Stumm sind sie, weil sie uns nicht sagen können, wer und wie Gott selbst ist, denn sie nehmen ja für uns die Stelle des höchsten Wesens, der höchsten Macht, Gottes ein. Es gehört zum Wesen des Menschen, daß er von irgend jemandem oder irgend etwas fasziniert, begeistert, angezogen ist, aber der Christ kann von allen innerweltlichen Kräften und Mächten einen *kritischen Abstand* halten, weil er — mehr als von allem anderen — fasziniert und begeistert ist von diesem Jesus Christus, dem er sich ganz persönlich ausgeliefert hat. Die Kraft dazu nennt das Neue Testament auch »Heiliger Geist«, denn er ist ja die göttliche Dynamik, die uns durch Christus zu dem unerfahrbaren »Vater« hinführt. Für den geisterfüllten Christen ist Jesus höher, mächtiger, größer als alles, was ihn sonst noch fasziniert: »Jesus ist der Herr!«

Vielleicht hast Du in der vergangenen Woche schon laut und persönlich gebetet, hat der Geist Gottes selbst in Dir Deine anfängliche Scham überwunden. Laß Dich weiter auf diesem Wege führen und sprich vielleicht jetzt dieses älteste Glaubensbekenntnis ganz persönlich und laut: »Jesus ist der Herr!« Wer dieses Bekenntnis »mit dem Herzen glaubt und *mit dem Munde bekennt,* wird Gerechtigkeit und Heil erlangen« (Röm 10, 10). Sprich dieses Bekenntnis mehrmals, immer wieder. Du wirst spüren, daß es eine Macht ist. Es macht uns bereit, diesem Jesus Christus die Herrschaft über unser Leben anzuvertrauen, uns ihm auszuliefern. Er selbst wird Deine Angst überwinden. Du wirst spüren, daß auch Deine Gefühle dabei in Anspruch genommen sind, denn Liebe und Bekenntnis sind durchaus emotional. Wir stellen mit Erschrecken fest, daß unsere Gefühle ja gar nicht so verchristlicht sind, daß wir mit unserem Herzen, mit der Kraft unserer Begeisterung und Liebe, überall sind, nur nicht bei Gott. Laß Dich weiter vom Geist Gottes führen, bete immer wieder: »Jesus ist der Herr!« Vielleicht wird sich Dein Gebet entfalten: »Du allein bist der Heilige, du allein der Herr, du allein der Höchste: Jesus Christus, mit dem Heiligen Geist, zur Ehre Gottes des Vaters. Amen!«

Dritte Woche: Trennung

Erster Tag: Mit dem Leibe beten (Gebetsgebärden)
Zweiter Tag: Gott, du kennst mich und du durchforschst mich
Dritter Tag: Du lebst in Feindschaft mit Gott
Vierter Tag: Gott will uns heilen durch die Kraft des Geistes Christi
Fünfter Tag: Kehre um und löse falsche Bindungen!
Sechster und siebter Tag: Gebet um Heilung der Erinnerungen und
    Erwartungen (Erneuerung des Taufversprechens)

Erster Tag: Mit dem Leibe beten (Gebetsgebärden)

In den Gebetsanregungen der zweiten Woche wurde vorgeschlagen, laut und persönlich zu beten. Vielleicht war Dir diese
Weise des Betens schon geläufig, vielleicht aber hast Du Dich
in der vorigen Woche zum ersten Mal laut mit Gott sprechen
hören. Nach der Überwindung der anfänglichen Scham wirst
Du gespürt haben, daß Dein Beten intensiver und konzentrier-
ter geworden ist. Du hast Dich vor Gott entäußert, Dich auch
im gesprochenen Wort (und nicht nur in Gedanken) an ihn
weggegeben. Dies ist eine *Verleiblichung und Versinnlichung*
des Sprechens mit Gott, die uns bis in unsere emotionalen
Tiefen hinein erfaßt. Wir sind ja nicht reine Geister, die rein
zufällig und unglücklicherweise in einen Leib hinein verbannt
wurden. Unser Leib gehört nicht weniger zu uns wie Seele und
Geist. Man kann nachweisen, daß alles, auch die höchsten
geistigen Akte des Menschen, zugleich auch leiblich sind und
daß der Mensch ohne seinen Leib überhaupt keine Akte vollziehen kann. Deshalb ist Gebet von seinem Ursprung her leiblich: Wir beten nicht nur mit dem Geist und dem Verstand,
sondern auch mit unserem Leibe! Das laute Sprechen ist schon
ein solcher leiblicher Vorgang, und er wird nochmals gestärkt
und intensiviert durch Gebetsgebärden. Sie finden sich in *allen*
Religionen: »Das erste Wort war die Gebärde.« Bevor der

Mensch zu seinem Gott sprach, hat er in Gebärden sein Innerstes ihm gegenüber zum Ausdruck gebracht. Wir stoßen hier auf das Urgestein des Verhältnisses zu Gott, und für eine Erneuerung der traditionellen Kirchen ist es nicht ohne Bedeutung, daß auch längst vergessene Gebetsgebärden wieder lebendig werden. Sie sind nicht nur Ausdruck der inneren Gesinnung, sondern wirken auch von sich selbst her wieder auf das Innere zurück. Gebärden sind immer auch ein Bekenntnis und Zeugnis: Dienst am Glauben der anderen!

In fast allen Religionen findet sich die Gebärde des *Niederfallens*[11]. Sie ist Ausdruck der völligen Hingabe an Gott, höchster Grad der Unterwerfung unter seinen Willen. Der Mensch berührt mit dem wichtigsten Körperteil, dem Gesicht, den Staub! Schon im Alten Testament ist diese Gebetshaltung gebräuchlich: »Abram *fiel auf sein Gesicht nieder,* Gott redete mit ihm und sprach: Das ist mein Bund mit dir: Du wirst Stammvater einer Menge von Völkern« (Gen 17, 3; vgl. 24, 26). Vom Unglück getroffen, wirft Ijob sich auf die Erde nieder und betet Gott an (Ijob 1, 20). In Psalm 5, 8 heißt es: »Ich werfe mich nieder in Ehrfurcht vor deinem heiligen Tempel« (vgl. Ps 95, 6; Sir 50, 17. 21; 1 Makk 5, 55 usw.). Auch Jesus hat diese Gebetshaltung eingenommen, und zwar in der Stunde seiner größten Unterwerfung unter den Willen seines Vaters: »Er sagte zu ihnen: Ich bin zu Tode betrübt. Bleibt hier und wacht mit mir! Und er ging ein Stück weiter, *fiel nieder auf sein Angesicht* und betete: Mein Vater, wenn es möglich ist, gehe dieser Kelch an mir vorüber!« (Mt 26, 38 f; vgl. Mk 14, 35). Aus dem Bericht des Tertullian geht hervor, daß diese Gebetshaltung als Ausdruck privater Frömmigkeit um das Jahr 200 immer noch allgemein gebräuchlich war (adv. Marc. 31, 8). Im öffentlichen Gottesdienst ist sie in der katholischen Kirche heute nur noch am Karfreitag und bei der Ordination (Priesterweihe) üblich.

Wäre der Bericht, daß Jesus selbst in dieser Haltung gebetet hat, für Dich ein Anlaß, ihm auch in dieser Hinsicht nachzufolgen? Wenn Du schon so weit geführt wurdest, daß Du bereit bist, Dein Leben und Deinen Tod, Dein Mißtrauen gegen Gott und alle Deine Sünden erneut in einer tiefen Selbstauslieferung vor Gott hinzutragen, dann scheue Dich nicht, Deine Selbstweggabe an ihn in dieser Weise auszudrücken. Gott hat in der Taufe mit Dir einen Bund geschlossen, ähnlich wie mit Abram. Er hat sich bei der Annahme dieses Bundes auf den Boden geworfen! Jesus hat seinen eigenen Tod in dieser Haltung von Gott angenommen und bejaht. Du wirst Dir vielleicht zunächst komisch vorkommen, wenn Du zum ersten Mal in Deinem privaten Gebet diese Haltung einnimmst, aber sie wird auf Dein Inneres zurückwirken!

Eine andere, in vielen Religionen verbreitete Gebetsgebärde ist das *Ausstrecken und Ausbreiten der Hände nach oben*[12]. Sie ist — wie jede Gebärde — vieldeutig. Wenn dabei zugleich die Handflächen nach oben gerichtet sind, drückt sie die Offenheit dessen aus, der Gaben von Gott entgegennimmt. Diese Haltung kann aber auch Unterwerfung ausdrücken: Der Betende tritt Gott mit leeren Händen und wehrlos gegenüber. Im Alten Testament ist sie vielfach bezeugt: »Ich breite die Hände aus und bete zu dir; meine Seele dürstet nach dir wie lechzendes Land« (Ps 143, 6). »Gott, du mein Gott, dich suche ich, meine Seele dürstet nach dir. Nach dir schmachtet mein Leib ... Ich will dich rühmen mein Leben lang, in deinem Namen *die Hände erheben*« (Ps 63, 2—5; vgl. Ex 9, 29. 33; 1 Kön 1, 22; Ijob 11, 13; Ps 28, 2; 119, 48; 141, 2; Jes 1, 16 usw.). An vielen Stellen des Alten Testamentes steht »Hände ausbreiten« einfach für »beten«[13]. Auch im Neuen Testament ist diese Gebetshaltung nicht unbekannt: »Ich will, daß die Männer an allen Orten beim Gebet *ihre Hände* in Reinheit *erheben*, ohne Zorn und Streit« (1 Tim 2, 8).

Im Altertum haben die Christen fast nur in dieser Haltung gebetet, und zwar zunächst wie die Heiden mit hoch zum Himmel erhobenen Händen und ausgestreckten Armen. Um den Unterschied zu den Heiden deutlich zu machen, haben sie dann im zweiten und dritten Jahrhundert die Arme angewinkelt zur sogenannten »Orantenstellung«. Sie wollten damit zum Ausdruck bringen, daß sie den am Kreuz mit ausgebreiteten Händen betenden Herrn nachahmen. Tertullian sagt um das Jahr 200: »Wir aber erheben nicht nur unsere Hände, sondern *breiten sie auch aus* und, dem Leiden des Herrn uns nachbildend, bekennen wir auch im Gebet Christus« (de orat. 14). Diese Haltung war bis ins Mittelalter hinein gebräuchlich, wurde dann aber fortschreitend dem Priester vorbehalten. Thomas von Aquin behält die erwähnte Deutung bei: »Wenn der Priester nach der Konsekration die Arme ausbreitet, so stellt er damit zeichenhaft die Ausbreitung der Arme Christi am Kreuz dar« (S. th. III, 83, 5 ad 5). Auch heute noch ist diese Form des Betens an Wallfahrtsorten und in einigen Orden gebräuchlich.

Alles Neue ist ungewohnt, aber Du kannst in diese Gebetshaltung hineinwachsen, wenn Du sie als Ausdruck Deiner Bereitschaft verstehst, Deinen eigenen Tod in der Kraft des Kreuzes Christi anzunehmen. Sie ist zugleich aber auch Ausdruck der Freude darüber, daß wir schon mit Christus auferstanden sind und den Tod besiegt haben. In der römischen Liturgie werden die Gläubigen vor der großen Danksagung, der Präfation, aufgefordert: »Erhebt die Herzen.« Warum sollte man diese »innere« Erhebung nicht auch durch die Ausbreitung der Hände leibhaftig ausdrücken? Wir freuen uns nicht nur »in Gedanken«, sondern mit unserer ganzen Person unter Einschluß des Leibes! Diese Gebärde ist keineswegs dem privaten Gebet vorbehalten, sondern in der Gemeinschaft ein lebendiges Bekenntnis zu Tod und Auferstehung Jesu und damit auch zu unserer eigenen, den Tod besiegenden Auferstehung.

Das vor allem in der katholischen Kirche übliche *Falten der Hände* war bei den Christen der ersten Jahrhunderte im allgemeinen *unbekannt*[14]! Bei den Kirchenvätern ist es nicht bezeugt und wurde erst üblich, als die Germanen christlich wurden. Ursprünglich war das Falten der Hände die Haltung des Lehensmannes, der so seine Unterwerfung unter den Lehensherren zum Ausdruck brachte. Als Gebetsgebärde setzt diese Gehorsamshaltung voraus, daß die Fähigkeit zum Gehorsam *geschenkt* wird, also den *Empfang* der Gnade Gottes, wie sie in den ausgebreiteten Armen zum Ausdruck kommt!

In neuerer Zeit hat es sich in Gebetsgruppen eingebürgert, mit an den Körper angelegten Ellenbogen die Unterarme nach vorne auszustrecken und die Hände nach oben zu öffnen. Auch dies drückt aus, daß wir alles von Gott empfangen.

Zweiter Tag: Gott, du kennst mich und du durchforschst mich

Die Gebetsanregungen der dritten Woche möchten hinführen zu einer Erneuerung des Taufversprechens, zu einer Antwort auf die Frage: »Widersagst Du dem Satan?« bzw. »widersagst Du dem Mißtrauen gegen Gott?« Versuche deshalb in dieser Woche, in Dich hineinzuschauen und die Wurzeln Deines Mißtrauens Gott gegenüber zu erkennen. Gott, Dein Schöpfer, ist der Herr über die Geschichte Deines Lebens. Er kennt die Vorgeschichte Deines Lebens, die Situationen und Umstände, die Dich ohne Deine persönliche Schuld von ihm trennen. Nimm Dir vielleicht in dieser Woche etwas mehr Zeit als sonst und bete jeden Tag den Psalm 139:

»Herr, du hast mich durchforscht, und du kennst mich.
Ob ich sitze oder stehe, du weißt von mir, von fern erkennst du meine Gedanken.
Ob ich gehe oder ruhe, es ist dir bekannt; du bist vertraut mit allen meinen Wegen.
Noch liegt mir das Wort nicht auf der Zunge — du, Herr, kennst es bereits.
Du umschließt mich von allen Seiten und legst deine Hand auf mich.
Du hast mein Inneres geschaffen, mich gewoben im Schoß meiner Mutter.
Ich danke dir, daß du mich so wunderbar gestaltet hast.
Ich weiß: Staunenswert sind deine Werke.
Als ich geformt wurde im Dunkeln, kunstvoll gewirkt in den Tiefen der Erde, waren meine Glieder dir nicht verborgen.
Deine Augen sahen, wie ich entstand; in deinem Buch war schon alles verzeichnet; meine Tage waren schon gebildet, als noch keiner von ihnen da war.
Erforsche mich, Gott, und erkenne mein Herz, prüfe mich, und erkenne mein Denken!«

Es könnte sehr hilfreich sein, wenn Du jetzt einmal alle Deine negativen Erfahrungen aufschreibst, an die Du Dich erinnerst: mit Deinen Eltern, Deinen Geschwistern, in der Schule, am Arbeitsplatz, in der Ehe oder einem anderen Lebensstand. Wer hat Dich einmal enttäuscht, Dein Vertrauen mißbraucht? Wer hat Dich zurückgesetzt oder ungerecht behandelt? Vielleicht hast Du auch mit der Kirche negative Erfahrungen gemacht?

Vielleicht bist Du empört darüber, daß sie sich mit den Reichen und Mächtigen arrangiert hat? Vielleicht möchtest Du zu Gott in ein neues Verhältnis treten, aber nie und nimmer mit der Institution Kirche etwas zu tun haben! Schreibe schmerzliche Erinnerungen, Enttäuschungen usw. in der Reihenfolge auf, in der sie Dir einfallen!

1 .... 2 ....

3 .... 4 ....

Wir bitten Gott, daß er uns die Kraft und das Vertrauen gebe, diese negativen Erfahrungen (am Ende dieser Woche) vor ihn hinzutragen.

Dritter Tag: Du lebst in Feindschaft mit Gott

Es gibt unheimliche Weisen, von Gott getrennt zu leben: a) Die *positiven* Erfahrungen, von denen wir in der zweiten Woche gesprochen haben, die vielen Faszinationen in unserer modernen Kultur, die Ergriffenheit und Betroffenheit von anderen Menschen usw. b) Die meisten aber leben von Gott getrennt wegen *negativer* Lebenserfahrungen, an denen sie selbst nicht schuld sind, die sie auch nicht rückgängig machen oder ändern können. Sie *möchten* mit ihrem Willen Gott zwar lieben, denn sie sind im Grunde davon überzeugt, daß nicht alles aus Zufall entstanden ist, also ein Gott sein muß, aber die negativen Lebenserfahrungen haben sich in ihren Tiefen festgesetzt und treiben zur Feindschaft mit Gott. Wenn Paulus das Wort »Fleisch« braucht, dann meint er häufig den ganzen Menschen, insofern er von Gott abgewandt ist: »Denn das Trachten des Fleisches ist *Feindschaft gegen Gott* ... Ihr aber seid nicht vom Fleisch, sondern vom Geist bestimmt, da ja der Geist Gottes in euch wohnt. Wer den Geist Christi nicht hat, der gehört nicht zu ihm« (Röm 8, 7–9). Nur der Geist Gottes selbst, der Heilige Geist, der Geist Christi, kann uns von der in unseren unbewußten Tiefen lebenden Feindschaft gegen Gott befreien!

Paulus, der in der sehr strengen Schule der Gesetzeslehrer erzogen worden war, sah die Ursache seiner Feindschaft gegen Gott vor allem in den vielen Geboten, die ihn immer wieder zur Übertretung reizten. In unserer heutigen Kultur sind es weniger religiöse Gesetze und Gebote, die uns von Gott trennen, als vielmehr die ganze Lebenssituation, die »Sünde der Welt«, von der Johannes spricht, die innere Abgewandtheit einer ganzen Kultur von Gott, von der *alle* Christen angekränkelt sind. In dem folgenden Text kommt sehr deutlich zum Ausdruck, daß Feindschaft gegen Gott nicht *nur* in meinem eigenen Willen begründet ist, sondern in Haltungen oder Situationen und Umständen, die *von außen her* auf mich zukommen und von denen ich beeinflußt bin:

»Ich begreife mein Handeln nicht: Ich tue nicht das, was ich *will*, sondern das, was ich hasse. Dann aber bin nicht mehr ich es, der so handelt, sondern die in mir wohnende Sünde. Ich weiß, daß in mir, das heißt in meinem Fleisch, nichts Gutes wohnt: das *Wollen* ist bei mir vorhanden, aber ich vermag das Gute nicht zu verwirklichen. Ich tue *nicht* das Gute, das ich will, sondern *das Böse, das ich nicht will.* Wenn ich aber das tue, was ich *nicht* will, dann bin nicht mehr ich es, der so handelt, sondern die in mir wohnende Sünde. Ich unglücklicher Mensch! Wer wird mich aus diesem Todesleib erretten? Dank sei Gott durch Jesus Christus, unseren Herrn!« (Röm 7, 15—25).

Die negativen Erfahrungen, die Du oben aufgeschrieben hast, verleiten Dich zu Haltungen und Taten, die Du im Grunde nicht willst und die Dich lautlos, fast unmerklich, von Gott trennen! Laß Dich mit Gott versöhnen (vgl. 2 Kor 5, 20)!

Vierter Tag: Gott will uns heilen durch die Kraft des Geistes Jesu Christi

Es gibt bestimmte Schlüsseltexte im Neuen Testament, die auf besonders eindringliche Weise in die christliche Grunderfahrung einführen. Zu ihnen gehört der Bericht über die Heilung des Taubstummen (Mk 7, 31—37). Seit ältester Zeit hat dieser Text seinen Platz im *Taufritus*: Dem Täufling wird vor (oder nach) der Taufe das Wort zugesprochen: »Effata, öffne dich!« Wenn wir den folgenden Text als persönliches Wort Gottes an uns lesen und annehmen, dann ist dies zugleich eine *Erneuerung des Taufgeschehens*. Damals wurde Dir bereits die Öffnung von Ohren und Mund, Deiner ganzen Person, angeboten! Der Taubstumme, von dem in dem Text berichtet wird, ist deshalb nicht lediglich ein bedauernswerter Mensch, der vor fast 2 000 Jahren in Palästina gelebt hat, sondern dieser Taubstumme sind wir selbst, denn wir sind aufgrund unserer inneren Feindseligkeit und unserer bisherigen Lebensgeschichte taub geworden für den Anruf Gottes und haben die Sprache verloren, ihn aus ganzem Herzen zu loben und zu preisen! Was Jesus damals mit dem Taubstummen getan hat, das will er mit jedem von uns tun, jedesmal wenn wir den Text lesen: Er nimmt Dich beiseite, von der Menge weg, er sondert Dich aus und will Dich zu einem neuen Leben befreien. Jetzt, in dieser Stunde, will er einen neuen Anfang setzen! Er wendet sich Dir ganz persönlich zu und spricht auch zu Dir das heilende Wort: *Öffne dich!*

»Man brachte einen Taubstummen zu Jesus mit der Bitte, ihm die Hand aufzulegen. Er nahm ihn beiseite, von der Menge weg, legte ihm die Finger in die Ohren und berührte die Zunge des Mannes mit Speichel; dann blickte er zum Himmel auf, seufzte und sprach zu ihm: ›Effata, das heißt: *öffne dich!*‹ Da öffneten sich seine Ohren, und sogleich löste sich die Fessel seiner Zunge, und er konnte richtig reden. Jesus verbot ihnen, jemand davon zu erzählen. Doch je mehr er es ihnen verbot, desto mehr machten sie es bekannt. *Außer sich vor Staunen* sagten sie: Er hat alles gut gemacht; Tauben gibt er das Gehör und den Stummen die Sprache« (Mk 7, 31—37).

Beachte zunächst, daß *andere* den Taubstummen zu Jesus bringen. Auch wir können nicht aus eigener Kraft Jesus um etwas bitten, sondern andere müssen uns zu ihm hinführen. Andere tragen Mitschuld daran, daß wir in einer Umwelt leben, in der wir uns nicht wirklich für Gott öffnen können. Sünde und Feindschaft gegen Gott haben einen *sozialen* Charakter, sie sind nicht *nur* in unserem eigenen Willen begründet (dies natürlich auch). In ähnlicher Weise ist auch die Erfahrung der *heilenden* Anwesenheit Gottes durch andere vermittelt: Auch Gotteserfahrung hat *sozialen* Charakter, und es ist schon eine große Gnade, wenn wir andere finden, die uns zu Jesus hinführen. Niemand glaubt allein, und Christ wird man ursprünglich nur in der Gemeinschaft der Glaubenden. Suche deshalb die Gemeinschaft derer, die den Anruf Gottes verspürt haben, sich zu einem neuen Leben erwecken zu lassen. Wir sind so stumm, daß wir die Bitte um Heilung nicht einmal selbst aussprechen können: Wir haben weder das Vertrauen noch den Mut, unsere Heilung für möglich zu halten; wir sind zutiefst gehemmt, geknechtet durch unsere negativen (oder auch positiven) Erfahrungen. Andere werden Dich zu Jesus hinführen! Gott hat den Dienst der Versöhnung der ganzen Kirche anvertraut, und andere werden Dir »an Christi Statt« sagen: »Laß dich mit Gott versöhnen!« (2 Kor 5, 20). Du kannst Dir dieses Wort nicht selbst zusprechen, Du findest Gott nicht einfach dadurch, daß Du Dich in Dich selbst hineinversenkst durch Meditationstechniken, sondern Heilung geschieht durch das Wort der Offenbarung, und dieses wiederum muß Dir von anderen zugesprochen werden.

Damals haben die Menschen Jesus darum gebeten, dem Taubstummen die Hand aufzulegen. Handauflegung ist in der Bibel eine vieldeutige Geste: Zeichen der Besitzergreifung, des Segens, der Amtsübertragung und eben auch der Heilung. Wir Menschen sind leibhaftige Wesen und drücken deshalb innere Vorgänge auch leibhaftig aus. In ähnlicher Weise handelt auch Gott an uns immer leibhaftig, und zwar durch Ausdruckszeichen, die andere an uns vollziehen. Christentum ist nie *rein* innerlich, sondern vollzieht sich in wahrnehmbaren Zeichen! Dies wird noch deutlicher, wenn wir beachten, daß Jesus dem Taubstummen die Finger in die Ohren legt und seine Zunge mit Speichel berührt. Warum hat er ihn nicht durch einen bloßen inneren Willensakt geheilt, warum wendet er sich ihm so leibhaftig zu, bis in die leibliche Berührung hinein? Nicht um hier eine magische Kraft zu übertragen, auch nicht etwa wegen der medizinischen Heilkraft des Speichels, sondern er will ihm seine ganz persönliche Nähe bezeugen und seine *Solidarität* mit ihm zum Ausdruck bringen! Wenn Du den Text als Wort Gottes an Dich verstehst, wendet sich Jesus Dir ganz persönlich zu, in der Kraft seines Geistes, den er uns hinterlassen hat. Erschrick nicht vor solchen Aussagen! Er hat seine Anwesenheit für alle Zeiten verheißen, und sie ist immer ganz konkret und wirklich, wenn wir bereit sind, uns ihr zu öffnen. Sind wir aber dazu bereit? Der Taubstumme von damals war es offenbar nicht, denn Jesus muß ihn auffordern: *Öffne dich!* Diese Aufforderung gilt nicht etwa den Organen des Mannes, seinen Ohren oder seiner Zunge, sondern seiner Person selbst! Offenbar hat der Taubstumme, obwohl er ja noch nicht hören konnte, diese Aufforderung verstanden und *angenommen.*

Jesus vollzieht diese Heilung nicht rein aus sich selbst, sondern er wendet sich seinem Vater zu, er *betet!* Das Wort »seufzen« meint im Neuen Testament immer ein aus der Tiefe kommendes Gebet. Vielleicht hat er in dieser Stunde jene Anrufung ausgesprochen, die uns in seiner aramäischen Muttersprache überliefert ist: Abba, Vater! Auch jetzt betet Jesus für Dich und wendet sich Dir zu: Um Gottes willen, ich sage dir: *Öffne dich!* Du brauchst nicht vor die Hunde zu gehen in deiner Verschlossenheit und Einsamkeit, in deiner Feindseligkeit, aus der du dich selbst nicht befreien kannst! Ich biete dir mein Heil an! Ich will mir ein neues Volk sammeln, ich will meine Kirche erneuern, und ich möchte jetzt bei dir damit anfangen! Ich will die Welt befreien, ich will die Menschen ändern, jeden einzelnen, auch dich. Ich will die Gottlosigkeit aus deinem Herzen nehmen, und du wirst staunen, welche Gaben ich noch für dich bereithalte! *Öffne dich!* Mein Heiliger und heilender Geist ist schon in dir, du brauchst nur den ganz kleinen Schritt deiner Freiheit auf mich hin zu tun, du brauchst nur dein Mißtrauen Gott gegenüber in der Kraft eben dieses meines Geistes zu überwinden! Entschließe dich dazu, warte nicht länger! *Erkenne* deine Angst und gib sie mir zurück, ich werde sie heilen!

Was wirst Du antworten? Bist Du bereit, Dich wirklich loszulassen? Oder hast Du Angst, ein Stück von Dir selbst aufgeben zu müssen, wenn Du Deine Angst vor Gott aufgibst? Vielleicht ist Deine Angst vor Gott und Dein Mißtrauen ihm gegenüber nur ein *Alibi*, Dich nicht auf ihn einlassen zu müssen, und deshalb hältst Du daran fest! Du benutzt Dein Mißtrauen als Waffe, weil Du Dich vielleicht vor den Konsequenzen fürchtest! Konsequenzen, die weh tun, weil Du vielleicht andere Türen zuschließen mußt, wenn Du die Tür zu Gott öffnest. Totale Verschlossenheit hält keiner auf die Dauer aus, und jeder Mensch ist irgendwohin offen: Anderen Menschen gegenüber oder auf eine selbstentworfene Zukunft hin. Schließe einmal alle Türen, die Du Dir selbst aus Deiner Einsamkeit heraus nach außen hin gemacht hast, und öffne jene Tür, an der Jesus steht und anklopft: »Setze alles daran und bekehre dich! *Ich* stehe an der Tür und klopfe. Wenn einer meine Stimme hört und die Tür öffnet, werde ich bei ihm eintreten, und ich werde mit ihm und er wird mit mir Mahl halten« (Offb 3, 19 f). Dies ist die erste aller Konsequenzen, wenn Du die Tür öffnest: *Er wird mit Dir Mahl halten!* Er wird Dir eine Nahrung und Speise reichen, die eine Verheißung unzerstörbaren Lebens bei sich hat: Er wird *sich selbst* Dir geben!

Nach der Heilung des Taubstummen gerieten die Menschen außer sich: Er hat alles *gut gemacht*. Auch Du wirst außer Dir sein, Du wirst aus Dir herausgerissen und hingerissen sein von der Macht dessen, der Dich geheilt hat. Gott selbst leistet die *Wiedergutmachung*, die kein anderer Mensch Dir geben kann. Er wird Deine Vergangenheit, die Verletztheiten Deiner Lebensgeschichte nicht einfach auslöschen, aber er wird sie verwandeln, und Du wirst dann mit Paulus bestätigen können: »Bei denen, die Gott lieben, fügt Gott alles zum Guten!« (Röm 8, 28).

Fünfter Tag: Kehre um und löse falsche Bindungen!

Niemand kann ohne persönliche Bindungen leben, und wer Gott gegenüber mißtrauisch und ängstlich ist, bindet sich um so mehr an menschliche Personen oder Macht, Besitz, Reichtum. Die Verheißung von Sicherheit, die in diesen Bindungen liegt, verhindert eine durchgreifende Heilung und läßt das Reich Gottes auf Erden nicht durchbrechen. Deshalb fordert Jesus zur *Umkehr* auf. Diese ist zugleich eine *Abkehr* von falschen, übertriebenen Bindungen. Erst wenn wir alle Brücken hinter uns niedergebrannt haben, wenn uns kein Fluchtweg mehr offensteht, wenn wir nur noch dem Wort Jesu vertrauen, werden wir geheilt und zugleich fähig, die frohe Botschaft auch anderen zu bezeugen. In dem Text, der sich in den drei ersten Evangelien an die Aufforderung zu einem kindhaften Vertrauen Gott gegenüber anschließt (vgl. Mk 10, 17–27), wird ein reicher Mann aufgefordert, alles zu verkaufen und Jesus nachzufolgen. Man überliest in diesem bekannten Bericht häufig, daß Jesus den Mann *anblickt*, und Markus sagt sogar: »Jesus faßte Zuneigung zu ihm« (10, 21). Christliche Umkehr ist nicht bloße Weltverachtung, sondern sie geschieht innerhalb einer *persönlichen Beziehung zu Jesus!* Nicht ein Willensakt, den ich in eigener Kraft setze, befähigt mich dazu, alles zu verlassen, sondern die Liebe zu Jesus in der Kraft seines Geistes. Wen Jesus zur Nachfolge ruft, dem gibt er selbst auch die Kraft dazu! Aber nicht nur der Reichtum erschwert die Umkehr zu Jesus, sondern jegliche übertriebene Bindung, wie es dann weiter heißt:

»Da sagte Petrus zu ihm: Du weißt, wir haben alles verlassen und sind dir nachgefolgt. Jesus antwortete: Amen, ich sage euch: Jeder, der Haus, Brüder, Schwestern, Mutter, Vater, Kinder oder Äcker verläßt, um meinetwillen und um des Evangeliums willen, wird das Hundertfache dafür empfangen: Jetzt in dieser Welt wird er Häuser, Brüder, Schwestern, Mütter, Kinder und Äcker zurückerhalten, *aber nicht ohne Verfolgungen,* und in der kommenden Welt wird er das Leben erlangen« (Mk 10, 28—30).

Der Text ist deutlich und läßt keinen Kompromiß zu: Wir müssen in dem großen Urvertrauen des Kindes um Gottes und des Evangeliums willen zunächst alle Brücken hinter uns abbrennen! Damit ist keineswegs gemeint, daß du nun aus allen Verpflichtungen entlassen bist, die Du Deinen Eltern, Geschwistern, Kindern oder auch Deinem Besitz gegenüber hast. Im Gegenteil: Es kann sein, daß Deine Entscheidung für Christus und Deine Umkehr zu ihm von Dir ein verstärktes Engagement für Deine Eltern, Geschwister und Kinder fordert, ein verstärktes soziales und politisches Engagement zur Befreiung der Welt (daß Du Deine »Häuser« und Deine »Äcker« in den Dienst dieser Befreiung stellst). Nicht jeder ist dazu berufen, als Mönch in Armut und Ehelosigkeit zu leben. Was Du aber aufgeben sollst, sind die *übertriebenen* Bindungen, und wenn Du es tust, dann werden diese Bindungen *verwandelt und geheilt*: Du wirst Häuser, Brüder, Schwestern, Mütter, Kinder und Äcker *zurückerhalten,* das heißt, alle Beziehungen werden in der Tiefe geheilt, wenn Du Dich mit radikalem Vertrauen Gott zuwendest! *Gott selbst* ist uns Vater und Mutter und Reichtum, er selbst anerkennt und bejaht uns!

Eine solche Umkehr bleibt nicht ohne innere und äußere Verfolgungen: Wenn wir von unserer neuen Beziehung zu Gott, zu nahestehenden Menschen und der Welt im ganzen Zeugnis geben, dann fordert dieser Anspruch Widerspruch heraus. Aber auch innere Verfolgungen bleiben nicht aus: Viele Menschen werden heute zu einem neuen Leben im Geist erweckt, aber sie fürchten sich vor den Konsequenzen: Ich müßte ja von heute auf morgen mein Leben radikal ändern! In dieser Überlegung liegt etwas Satanisches: »Wenn Du Dich zu Jesus bekehrst, dann mußt Du auch *ganz konsequent* sein, dann mußt Du Deine Ehefrau, Deine Kinder im Stich lassen, dann mußt Du wirklich ganz arm leben, denn sonst ist ja alles nur Lüge und Heuchelei! Deshalb laß die Finger ganz davon und *bleibe, wie Du bist*!« Die satanische Macht versteht es immer wieder, das Gute, das wir wollen, so in die Übertreibung hineinzusteigen, daß wir uns durch sie immer weiter von Gott entfernen: *In der Übertreibung* halten wir uns an uns selbst fest vor lauter Angst, wir könnten es nicht gut genug machen. Aus Angst vor dieser Angst weichen wir dann jeder Entscheidung und jeder Konsequenz aus! »Alles verlassen« aber bedeutet in erster Linie: *sich selbst loslassen!* Wenn Du nicht mehr in der Angst an Dich selbst gebunden bist, kannst Du auch viele andere Bindungen aufgeben, die Dich von Gott trennen.

Sechster und siebter Tag: Gebet um Heilung der Erinnerungen und Erwartungen (Erneuerung des Taufversprechens)

Die Sakramente sind und bleiben Angebote. In der Taufe hat Gott uns angeboten, uns zu befreien von dem Erbmißtrauen gegen ihn, das zurückgeht auf die Schuld anderer Menschen und auf unsere eigene Neigung zur Sünde. Gott befreit uns aber nicht ohne uns, sondern wir müssen ihm in der Kraft seines Heiligen Geistes unser Mißtrauen anvertrauen, indem wir ihm unsere ganze Lebensgeschichte zurückgeben: *»Mein Gott, ich widersage dem Mißtrauen gegen dich«.* Jeder Mensch hat negative Erlebnisse, schmerzliche Erinnerungen, unerfüllte Wünsche in die Tiefen seines unbewußten Lebens verdrängt. Sie führen dort gleichsam ihr Eigenleben und steigen als *Warnungen vor Gott* immer wieder an die Oberfläche. Außerdem führen sie häufig zu physischen Erkrankungen, emotionaler Überreiztheit, Niedergeschlagenheit und Isolierung. Wenn wir die Tiefen unserer Seele Gott darbieten und öffnen, dann wird seine heilende Kraft uns nicht nur zu ihm selbst zurückführen, sondern auch physisch gesünder machen und unsere Beziehungen zu anderen Menschen heilen.

Es kann sein, daß jemand bei den folgenden Überlegungen und Gebeten sehr unruhig wird, daß Probleme auftauchen, mit denen er nicht selbst fertig wird. Dann vertraue er sich einem erfahrenen Menschen oder einem Psychologen an. Die folgenden Text sind kein Ersatz für Psychotherapie! In ihnen werden auch Probleme und Fragen vor Gott ausgebreitet, die nicht auf jeden persönlich zutreffen. Bringe sie vor Gott im Gedenken an Dir bekannte Menschen, nicht in hochmütiger Überlegenheit, sondern um sie besser verstehen und mehr lieben zu können. Es ist hilfreich, dieses Gebet zusammen mit anderen zu beten und sich gegenseitig zur Erkenntnis verborgener Widerstände gegen Gott zu verhelfen. Gott hat auf diese Weise schon oft in erstaunlicher Weise die Ur-Beziehungen zwischen Eltern und Kindern, zwischen Ehegatten und Geschwistern geheilt und geordnet, aber auch die Beziehungen in der Arbeitswelt, zwischen Nachbarn und Freunden.

Es ist gut, wenn Du Dir eine Zeit wählst, in der Du entspannt und gelöst bist, dazu einen Ort, an dem Du wirklich Ruhe hast. Nimm eine bequeme, gelassene, unverkrampfte Körperhaltung ein. Tritt vor Deinen Schöpfer hin in Demut und Vertrauen. Je länger Du betest, um so mehr werden Deine Hemmungen vor Gott fallen!

»Mein Herr und mein Gott, mein Ursprung und mein Ziel!

Du bist der Herr der Geschichte und auch der Herr über die Geschichte meines Lebens. Du warst mit deiner schöpferischen Kraft anwesend, als meine Eltern sich vereinigten und als ich dann im dunklen Schoß meiner Mutter wuchs. Dir verdanke ich mein Dasein, und ich danke dir auch dafür, daß ich jetzt, in diesem Augenblick, mein ganzes Dasein an dich zurückgeben darf in der Freiheit jenes Vertrauens, das du selbst mir schenkst. Ich selbst kann in meinen Erinnerungen nicht an den allerersten Anfang meines Daseins zurückgehen, aber ›deine Augen sahen, wie ich entstand‹ (Ps 139, 16). Du kennst alle Umstände im Leben meiner Eltern, meiner Mutter, die mich heute noch belasten, die mich daran hindern, ganz zu dir und zu mir zu finden. Ich habe mich nicht selbst gewollt, meinen Charakter, meine Veranlagungen nicht selbst entworfen. Ich begreife nicht, warum es Leiden gibt, die schon mit der Geburt beginnen, aber ich vertraue dir: Du hast mich und alle Menschen von Anfang an mit liebender Sorge begleitet. Dein Sohn hat alle meine, alle unsere Enttäuschungen und Verzweiflungen auf sich genommen und durchlitten. Ich danke dir, daß du mich in der Kraft seiner Leiden heilen wirst und daß du jetzt, in diesem Augenblick, damit beginnst.

Ich weiß zwar nichts mehr von dem Vorgang meiner Geburt und auch nichts von meinem ersten Lebensjahr. Heute aber weiß ich, daß meine Mutter oder der Mensch, der ihre Stelle vertrat, für mich das Paradies eines ganz großen Vertrauens war. Vielleicht begann schon damals für mich das Mißtrauen, die Angst, die Feindseligkeit. Vielleicht hat mein damals noch unerwachter Geist in seiner Tiefe eine Enttäuschung aufbewahrt . . .«

Versuche jetzt, Dich an Deine Kindheit und Jugend zu erinnern: Welches Verhältnis hatte Deine Mutter zu Dir: Hättest Du mehr mütterliche Liebe gebraucht, so daß jetzt noch ein Hunger nach Anerkennung Dich treibt? Oder bist Du in einer Atmosphäre *übertriebener* Fürsorge und Liebe aufgewachsen, so daß Du nun übertriebene Erwartungen an Deine Umwelt stellst? Und welches Verhältnis hattest Du zu Deinem Vater? Vielleicht hättest Du in Deinem ganz jungen Leben mehr *väterliche* Liebe gebraucht, die Dir Festigkeit und Selbstvertrauen gibt, eine starke Liebe, wie sie eben nur von einem Vater kommen kann? Du kannst zwar Deine Lebensgeschichte nicht rückgängig machen, aber Gott selbst war Dir schon immer Vater und Mutter, und er will es jetzt aufs neue sein. Du mußt wirklich Vater und Mutter, Geschwister und Kinder *verlassen*, um sie in Gott neu zurückzugewinnen. Bedenke deshalb je nach Deinen Lebensumständen die folgenden »Worte des Lebens«. Der Geist Gottes wird Dir Deine Antwort ins Herz geben:

»Weh dem, der mit seinem Schöpfer rechtet, er, eine Scherbe unter irdenen Scherben. Sagt denn der Ton zu dem Töpfer: Was machst du mit mir?

Weh dem, der zum Vatr sagt: Warum zeugtest du mich? Und zur Mutter: Warum brachtest du mich zur Welt?

So spricht der Herr, Israels heiliger Gott und sein Schöpfer: Wollt ihr mir etwa Vorwürfe machen wegen meiner Kinder und Vorschriften über das Werk meiner Hände?

Ich habe die Erde gemacht und die Menschen auf ihr geschaffen« (Jes 45, 9—12).

»Kann denn eine Frau ihr Kind vergessen, eine *Mutter* ihren eigenen Sohn? Und selbst, wenn sie ihr Kind vergessen würde: *Ich vergesse dich nicht.* Sieh her: Ich habe dich eingezeichnet in meine Hände« (Jes 49, 15 f).

»Wie eine *Mutter* ihren Sohn tröstet, so tröste ich euch!« (Jes 66, 13).

»Wie ein *Vater* sich seiner Kinder erbarmt, so erbarmt sich der Herr über alle, die ihn fürchten« (Ps 103, 13).

»Verstoß mich nicht, verlaß mich nicht, du Gott meines Heiles! Wenn mich auch *Vater und Mutter* verlassen, der Herr nimmt mich auf« (Ps 27, 9 f).

Gib diesem väterlichen und mütterlichen Gott jetzt Deine Kindheit zurück. Er wird sie heilen: »Mein Herr und mein Gott! Du allein bist vollkommen, du allein bist die vollkommene, selbstlose Liebe. Laß mich immer mehr erfahren, daß ich *dein* Kind, daß ich in meiner Einmaligkeit vor dir wichtig bin, daß du mich bejahst. Heile meine innersten Antriebe und Bestrebungen von jeglicher Übertreibung. Laß mich deine liebende Nähe erfahren, wenn ich zu wenig geliebt, gelobt und anerkannt worden bin. Wenn ich aber schon als Kind übertriebenes Lob, falsche Anerkennung erfahren habe, dann nimm mir alle falschen Sicherheiten, alles übertriebene Selbstvertrauen und jegliche Angst um mich selbst!«

Bitte Gott jetzt auch um Heilung aller Verletzungen, die aus Deinem Verhältnis zu Deinen *Geschwistern* übriggeblieben sind. Vielleicht wurde Dein Bruder, Deine Schwester vorgezogen. Vielleicht hast Du Deine Schwester, Deinen Bruder nie wirklich geliebt:

»Laß mich jetzt an sie denken in einer tiefen Versöhnungsbereitschaft, und wenn ich ihnen beim nächsten Mal begegne, dann sei deine vergebende, selbstlose Liebe unter uns anwesend. Bereinige alles, was zwischen uns steht. Ich danke dir jetzt schon dafür, du Gott meines Lebens, daß du dies alles ordnen kannst und ordnen wirst.«

Für viele von uns begannen dann mit dem Eintritt in die *Schule* die ersten belastenden Erfahrungen und inneren Verwundungen: Die fremden Lehrer, fremde Kinder, Zwang, Neid, Versagen. Versuche, Dich an Deine Schulzeit zurückzuerinnern: Einige gehörten zu den Besten in der Klasse, und so wurden übertriebene Lebenserwartungen in ihnen wach. Sie hatten erste Erfolge, wurden selbstbewußt, bekamen Freude daran, mächtig und stark zu sein. Sie haben kaum gelernt, andere zu verstehen, und vertrauen nur ihrer eigenen Kraft! Wenn Deine Umwelt, Deine Eltern und Lehrer diese Haltungen in Dir genährt haben, bringe sie jetzt vor Gott! Für andere begann schon damals die Last des Lebens: Sie wurden von den Lehrpersonen ungerecht behandelt, zurückgesetzt, selten gelobt.

Vielleicht wurdest Du von den anderen Kindern wegen irgendeiner Eigenheit ausgelacht. Du begannst, Dich in Dich selbst zurückzuziehen, wurdest ängstlich. Vielleicht wurde in Dir nie die Fähigkeit geweckt, Dich auszusprechen, Dich anderen mitzuteilen. Dein Selbstvertrauen hat sich damals nicht entfalten können, und jetzt, als Erwachsener, rächst Du Dich dafür durch Rücksichtslosigkeit und Unterdrückung anderer. Bringe dies alles jetzt im persönlichen Gebet vor Deinen Gott und bitte ihn, daß eine Gesellschaft entstehe, in der Kinder ohne Unterdrückung, aber auch ohne falsche Bindungslosigkeit heranwachsen.

Dann kam die Zeit der *Reifung,* der ersten tiefen Begeisterung und Faszination, der ersten personalen Enttäuschungen. Welche Lebensauffassung herrschte in Deiner Umwelt? Ehrgeiz? Unterwürfigkeit? Übertriebenes Besitzstreben? Welche Erwartungen wurden in Dir geweckt oder unterdrückt? Gibt es erste sexuelle Erfahrungen, die heute noch nicht ausgeheilt sind? Rufe Dir alles in Erinnerung, ruhig und entkrampft, mit allen Einzelheiten und Umständen und mit Dank für die immer noch größere Liebe und Nähe Gottes. Er ist der Herr über die Geschichte Deines Lebens!

»Ich bitte dich, mein Gott, um Heilung auch all jener Erfahrungen, die ich als Heranwachsender hatte. Ich war zum ersten Mal wirklich begeistert, fasziniert von anderen Menschen, und ich wuchs hinein in eine Gesellschaft, in der mein Herz nie ganz zu Dir erwachen konnte. Die Sünde der Welt umgab mich und hat mich tief geprägt, bis in diese Stunde hinein. Laß mich Abstand von allem gewinnen, um in deiner Kraft und von dir her meine Aufgaben in der Gesellschaft und an meinem Platz erfüllen zu können.

Ich bitte dich um Verzeihung für die Enttäuschungen und Verletzungen, die ich anderen zugefügt habe. Heile du die Wunden, die der erste Mißbrauch meines Vertrauens in mir zurückgelassen hat, die erste bleibende Erfahrung der Bosheit, die mich dir gegenüber immer noch mißtrauisch macht. Heile auch alle gescheiterten Hoffnungen, übersteigerten Lebenserwartungen, die mein Gedächtnis aus dieser Zeit aufbewahrt hat. Wandle du selbst alle diese Erfahrungen und laß mich an sie zurückdenken ohne Traurigkeit, Scham und unterdrückten Zorn. Auch dein Sohn hat am Kreuz die Zerstörungen und Bosheiten in der Geschichte nicht rückgängig gemacht, sondern verwandelt. Deine Gnade ist immer noch größer als die noch so große Sünde der Welt. Versöhne du selbst mich mit dir selbst, mit mir und mit den Mitmenschen.«

Wie war es dann in Deinem *Berufsleben?* Vielleicht bist Du nicht so vorangekommen, wie Du es gewünscht hattest. Neid kam auf, Haß, und neue Feindseligkeiten in einer erbarmungslosen Leistungsgesellschaft. Du hast Sicherheit erstrebt, Dir eine Existenz aufgebaut, aber vielleicht hast Du in *übertriebener*

Weise Heimat und Geborgenheit bei Dir selbst gesucht, bei Deinem Erfolg, in Besitz und Wohlstand:

»Heile mich, Herr, von einem übertriebenen privaten Sicherungsbedürfnis, damit ich so auch fähiger werde, nicht nur für meinen privaten Nutzen zu arbeiten, sondern meinen Beruf als Dienst an anderen und in der Gesellschaft aufzufassen, als deine Gnadengabe. Heile die Verletzungen, die gesellschaftliche Gruppen sich gegenseitig zufügen, heile die Erinnerung an gegenseitige Unterdrückung in der Arbeitswelt und laß mich dazu beitragen, daß die notwendigen gesellschaftlichen Veränderungen nicht aus Haß angestrebt werden, sondern weil du der Herr der Geschichte bist!«

Vielleicht liegt der Grund Deiner Trennung von Gott aber noch viel weiter zurück, nicht in Deiner persönlichen Lebensgeschichte, sondern in der Vorgeschichte der Gesellschaft, in der Du (noch) leben mußt. Wenn Du zu denen gehörst, deren Vorfahren in der beginnenden Industriewelt ausgebeutet wurden, oder wenn Du in einem Land lebst, in welchem soziale Gerechtigkeit noch kaum begonnen hat, dann bringe auch diese schmerzlichen Erinnerungen vor Gott: Die Kirche jeder Zeit wird nach dem Maßstab Jesu daran gemessen, ob sie sich mit den Armen und Kleinen solidarisch erklärt und konkret für sie gekämpft hat. Laß Dich durch die Schuld der Kirchen nicht von Gott trennen und versöhne Dich mit Deiner Kirche (ohne ihr Deine kritischen Impulse deshalb vorzuenthalten): Du kannst nur in der Gemeinschaft der Glaubenden zu Gott finden, und dies gilt auch, wenn sie der Botschaft Jesu untreu geworden ist. Verzeihe Deiner Kirche, was sie Deinen Vorfahren und Dir angetan hat. So wirst Du mit dazu beitragen, daß sie in der Erinnerung an die Worte und Taten Jesu ihre befreiende Kraft in einer Gesellschaft der Reichen und Mächtigen wiedererlangt!

Die befreiende Kraft der Versöhnung kann und muß sich auch auswirken in Deinem persönlichen Lebensstand. Wenn Du *verheiratet* bist, vergegenwärtige Dir jetzt die Geschichte Deiner Ehe, alle Enttäuschungen, Verletzungen, Rücksichtslosigkeiten, Wunden, die ihr einander zugefügt habt, und bitte Gott um Heilung *in der Wurzel,* von Anfang an. Nimm Deinen

Ehegatten vor Gott an, so wie er ist. Du kannst ihn in seinem Charakter und seinen Veranlagungen nicht grundlegend ändern. Bitte Gott auch um Heilung Deiner Erwartungen: Erwarte von Deinem Ehegatten nichts, was er Dir nicht geben kann. Gott hat schon viele Ehen geheilt, und er kann jetzt, in diesem Augenblick, damit beginnen, auch Deine Ehe zu ordnen!

Wenn Du *alleinstehend* bist, verwitwet oder geschieden, dann gib Gott vertrauensvoll jetzt Deine Lebensgeschichte zurück. Vielleicht hattest Du andere Pläne mit Dir selbst, hast diesen Lebensstand nicht selbst gewählt, empfindest ihn als Zwang und Unterdrückung Deiner Entfaltungsmöglichkeiten. Gott hat einen Plan mit Dir, und er wird Dir Aufgaben geben, nicht als Ersatz für etwas, was Du selbst Dir gewünscht hattest, sondern weil er Dich braucht, um in seiner Kirche und in seiner Welt anwesend zu bleiben. Er will Dich an der Wurzel Deines Daseins heilen, dort, wo Du am meisten verwundet bist!

Wenn Du im *Ordensstand* lebst, dann hast Du vielleicht dort, gerade dort, Erfahrungen gemacht, die Dich nicht zu Gott hinführen. Vielleicht sind Deine Erwartungen an das Ordensleben enttäuscht worden, und Du bist nun resigniert und stumpf. Laß Dich neu von der Wärme und Liebe Gottes durchströmen. Kehre zurück zur Anfangserfahrung Deiner Berufung und laß Dir von Gott selbst jeden Zweifel nehmen, daß er Dich in diesen Lebensstand gerufen hat. Die Liebe Gottes ist größer als unser Herz! Gott sendet seinen lebendigmachenden Geist heute, in dieser Zeit einer Erneuerung und Erweckung, gerade auch in die Klöster und Ordenshäuser. Er erweckt neue Gebetsgemeinschaften und läßt die ursprünglichen geistlichen Erfahrungen wieder lebendig werden! Erneuere jetzt Dein Ordensversprechen und bitte Gott um den Mut, Dein Leben und Deinen Tod auch vor Zeugen erneut vor Gott hinzutragen. Herr, erneuere deine Kirche und fange bei mir damit an! Ich preise dich, daß du es tun wirst, ich bete dich an!

Wenn Du zu den *Amtsträgern* in der Kirche gehörst, bedarfst Du in besonderer Weise der Heilung. Vielleicht hat Dich die Erfahrung der »Vergeblichkeit« Deiner Arbeit zum Manager gemacht, vielleicht unterdrückst Du Deine Enttäuschungen durch die Ausübung von Herrschaft und Macht, die nicht von Gott kommen, sondern eben eine Kompensation für Dein Gefühl von Wertlosigkeit ist, eine selbstgemachte Bestätigung. Deine eigene Enttäuschung führt so bei anderen Menschen, besonders wenn Du Vorgesetzter bist, zu immer größeren Enttäuschungen, und sie wenden sich von Dir und von der Kirche ab! Du reibst Dich an den vielfältigen Institutionen in Deiner Kirche oder leidest an den Spaltungen und Feindschaften in ihr. Du vertraust mehr Deinen eigenen Anstrengungen und Strategien als dem Wirken des Heiligen Geistes. Ein katholischer Bischof hat einmal in einem Bußgottesdienst öffentlich das Zeugnis gegeben: »Früher war ich der König in meiner Diözese. Nachdem ich aber andere gebeten habe, mir die Hände aufzulegen — dies war für mich die Erneuerung des Weihesakramentes —, kann ich nur noch mit Scham an diese Zeit zurückdenken.«

»Entfache die Gnade Gottes wieder, die in dir ist, seit ich dir die Hände aufgelegt habe. Denn Gott hat uns nicht einen Geist der Verzagtheit gegeben, sondern den Geist der Kraft, der Liebe und der Besonnenheit. Schäme dich also nicht, dich zu unserem Herrn zu bekennen. Er hat uns errettet; mit einem heiligen Ruf hat er uns gerufen, nicht aufgrund unserer Werke, sondern aus eigenem Entschluß und aus Gnade« (2 Tim 1, 6—9).

Nimm Dir jetzt noch etwas Zeit und laß den Heiligen Geist sein Werk in Dir tun. Er lebt und wirkt in Deinen Tiefen, er, der allein die Tiefen Gottes erforscht (1 Kor 2, 10), er will Deine Tiefen und Dunkelheiten befreien:

»Wasche, was befleckt ist; *heile, was verwundet ist*; tränke, was da dürre steht; beuge, was verhärtet ist; wärme, was erkaltet ist; lenke, was da irre geht!«

Wenn Du katholisch bist, dann bringe Deine persönlichen Sünden im Bußsakrament, in der »Feier der Versöhnung«, vor Gott! Wenn in Deiner Kirche ein Beichtgespräch und der Zuspruch der Sündenvergebung angeboten ist, dann tue dasselbe nach dem Brauch Deiner Kirche! Laß Dich auch hinsichtlich Deiner persönlichen Sünden mit Gott versöhnen! (Vgl. dazu im ersten Teil dieser »Einübung« den vierten Abschnitt der dritten Woche: Beichte — katholisch; Beichte — evangelisch.)

Vierte Woche: Jesus Christus

Erster Tag: Wie hat Jesus gebetet?

Zu Beginn jeder Woche wollen wir uns einige Gedanken über das Gebet machen. Im Seminarvortrag der vierten Woche ist bereits gezeigt worden, daß Jesus nicht nur allein in der Einsamkeit zu seinem Vater gebetet hat, sondern auch öffentlich und zeugnishaft vor anderen. Eines dieser Gebete lautet: »Ich preise dich, Vater, Herr des Himmels und der Erde, weil du all das den Weisen und Klugen verborgen, aber den unmündigen offenbart hast. Ja, Vater, so hat es dir gefallen. Alles ist mir von meinem Vater anvertraut worden; niemand weiß, wer der Sohn ist, nur der Vater, und niemand weiß, wer der Vater ist, nur der Sohn und der, dem es der Sohn offenbart« (Lk 10, 21 f; Mt 11, 25—27). Der griechische Urtext läßt erkennen, daß Jesus hier jene Anrede gebraucht, die sein persönliches Verhältnis zu Gott kennzeichnet: Abba. Wie im Seminarvortrag zur vierten Woche gezeigt wurde, ist diese Anrede für die Zeitgenossen Jesu völlig ungewöhnlich, denn sie ist der vertrauensvollen Kindersprache entnommen. Jesus scheut sich also nicht, sein persönlichstes Verhältnis zu Gott vor anderen zu äußern. Dieses Gebet findet sich schon in den allerältesten Quellen und ist sicherlich nicht von der Urgemeinde geformt worden. Jesus offenbart hier in der Form des Gebetes, daß nur er wirklich Gott kennt und ihn in völlig einzigartiger Weise erfahren hat. Zugleich zeigt er uns, daß wir ihm in dieser Erfahrung nur nachfolgen können, wenn wir uns Gott in einem kindhaften Urvertrauen öffnen. Durch Erziehung und Unterricht wissen wir viel zuviel über Gott, sind viel zu erwachsen vor ihm! Das Vorbild Jesu ist uns Anlaß und Ermutigung, in seiner Nachfolge und in der Kraft seines Geistes auch vor anderen in einer ganz schlichten persönlichen Weise Gott zu loben und zu preisen.

Jesus scheut sich nicht, auch seine Todesangst im Gebet vor anderen zu äußern. Am Ölberg läßt er Petrus, Jakobus und Johannes teilnehmen an seiner tiefsten Selbstauslieferung an den Willen Gottes und ermahnt sie, mit ihm zu beten. Bei Markus lesen wir:

»Und er ging ein Stück weiter, warf sich auf die Erde nieder und betete, die Stunde solle, wenn es möglich wäre, an ihm vorübergehen. Er sprach: Abba, Vater, alles ist dir möglich. Nimm diesen Kelch von mir! Aber nicht, was ich will, sondern was du willst, soll geschehen« (Mk 14, 35 f; Mt 26, 39; Lk 22, 42).

Welche Gemeinde würde eine solche Situation einfach erfinden? Die Evangelisten betonen, daß die drei Jünger die Todesangst Jesu, sein Erschauern vor der Majestät des heiligen Gottes, miterlebt haben (er entfernt sich von ihnen »ungefähr einen Steinwurf weit«; Lk 22, 41), wenn er auch in dieser Stunde in tiefster persönlicher Einsamkeit dem Vater begegnet. Jesus hütet diese Begegnung aber nicht als sein persönliches Geheimnis, sondern macht sie im Gebet offenbar, ähnlich wie bei seiner Taufe (vgl. Lk 3, 21 f).

Johannes hat uns vor allem im 17. Kapitel seines Evangeliums nachempfunden, wie Jesus vor seinem Tode in Anwesenheit seiner Jünger gebetet hat. Lesen wir einige Sätze:

»Heilige sie durch die Wahrheit; dein Wort ist Wahrheit. Wie du mich in die Welt gesandt hast, so habe auch ich sie in die Welt gesandt. Und *für sie heilige ich mich,* damit auch sie in Wahrheit geheiligt sind« (Joh 17, 17 ff).

Das ganze 17. Kapitel des Johannesevangeliums ist eine Offenbarungsrede in Anwesenheit der Jünger. Jesus spricht hier das Allerpersönlichste, seine Selbstweggabe an den Vater, im Wortzeugnis aus, um den Glauben der Jünger zu stärken. Für Jesus ist sein Verhältnis zum Vater und sein Tod nicht »Privatsache«, die niemanden etwas angeht. Noch am Kreuz betet er den Berichten des Mattäus und Markus zufolge »mit lauter Stimme« (Mt 27, 46; Mk 15, 34).

Es ist nun offensichtlich, daß wir meistens nicht gewohnt sind, wie Jesus in einer persönlichen Weise vor anderen und mit anderen unser persönliches Verhältnis zu Gott auszusagen. Seit einigen hundert Jahren gilt: *Religion ist Privatsache!* Deine Konfession geht niemanden etwas an, ja, es schickt sich nicht, sein persönliches Verhältnis zu Gott in der Öffentlichkeit zu zeigen! Ganze Philosophenschulen haben gelehrt: Du kannst Gott nur mit deinem Verstand erkennen, deine religiösen Gefühle haben nicht die geringste Beweiskraft. Behalte sie deshalb für dich und halte dich an die Lehren der großen Philosophen, die versucht haben, Gott zu erkennen. Du selbst kannst Gott nicht erkennen und erst recht nicht erfahren, du hast nur deine Bürgerpflicht zu tun. Man hat hier ein regelrechtes *Tabu* aufgebaut, Verbote ausgesprochen, Grenzen gesetzt.

Jeder kann dies leicht feststellen, wenn er in einem Kreis von gläubigen Christen die Frage stellt: Wie stehst Du persönlich zu Gott? Da wird sich peinliches Schweigen ausbreiten. Selbst unter Pastoren und Priestern ist es nicht selbstverständlich, daß man über sein persönliches Verhältnis zu Gott spricht, über seine Zweifel, oder daß man in einer persönlichen Weise miteinander betet. Wer jedoch heute in dem gleichen Kreis gläubiger Christen ein Gespräch über sexuelle Fragen beginnt, wird bald eine angeregte Unterhaltung unter Einschluß sehr persönlicher Mitteilungen ausgelöst haben. Hier ist in den letzten Jahrzehnten ein Tabu gebrochen worden, das ebenfalls sehr alt ist, bis in die Zeit der Kirchenväter zurückreicht. Wir Christen sind nicht ganz glücklich darüber, wie es gebrochen worden ist (auf einer vorwiegend biologischen Ebene), aber an diesem Beispiel zeigt sich deutlich, was überhaupt ein Tabu ist.

Mit Nachdruck muß betont werden: Wenn man in der Gesellschaft, in der Öffentlichkeit, ja sogar innerhalb der kirchlichen Gemeinschaft, sein persönliches Verhältnis zu Gott verbergen muß, dann stimmt etwas nicht! Es heißt zwar einmal im Neuen Testament: »Wenn du beten willst, geh in deine

Kammer und schließe die Tür zu; dann bete zu deinem Vater, der im Verborgenen ist« (Mt 6, 6). Das aber ist gesagt im Hinblick auf die »Heuchler«, die an den Straßenecken beten, »um den Leuten aufzufallen« (V. 5), die ihre »Frömmigkeit vor den Menschen zur Schau stellen« (V. 1). Sie möchten von den Leuten »gelobt« werden, weil sie so gut und so schön beten können. Dies aber ist der Tod echten Betens!

Lies jetzt noch einmal das 17. Kapitel des Johannesevangeliums ganz und frage Dich, ob Du bereit wärest, in einer ähnlich persönlichen Weise vor anderen Zeugnis zu geben. Es hat einmal jemand gesagt: Bei diesem Gedanken komme ich mir vor wie eine Nuß mit einer harten Schale, und ich habe Angst davor, daß sie geknackt wird: Sie könnte ja hohl sein! Dieses Gefühl hat am Anfang *jeder*! Vertraue darauf, daß Gott selbst die Nuß knacken und die leeren Schalen mit seinem Heiligen Geist, mit seiner Kraft, füllen wird! Vielleicht hast Du Dich geschämt, als Du zum ersten Mal versucht hast, laut und persönlich mit Gott zu sprechen. So ähnlich wird es Dir nochmals ergehen, wenn Du zum ersten Mal mit und vor anderen in dieser Weise betest oder wenn Du Deine Zweifel und Kämpfe offen vor anderen aussprichst (auch dies ist ein Zeugnis!). Der Herr der Kirche selbst wird Dir alle Scham und Angst nehmen, und Du wirst zu Deiner eigenen Überraschung *Freude* daran haben, für Gott Zeugnis zu geben!

Zweiter Tag: Der mit dem Mund bekennt

Jesus hat durch sein ganzes Leben, durch seine Worte und Handlungen Zeugnis gegeben von Gott. Er erwartet von uns, daß wir in seiner Nachfolge Zeugnis geben von ihm. Dies geschieht durch unser ganzes Leben, in allem, was wir tun und sagen, durch tatkräftige Hilfe, durch Mitarbeit an den notwendigen Veränderungen der Gesellschaft, durch sozialen Einsatz. Diese verschiedenen Formen des Zeugnisses haben alle den Charakter der Verkündigung, des »Sprechens« von Gott her. Deshalb ist die Urform des Zeugnisses das im Wort ausgesagte

Glaubensbekenntnis. Beachte, daß in dem folgenden Text dreimal von Deinem Mund die Rede ist:

»Das Wort ist dir nahe, es ist in deinem *Mund* und in deinem Herzen. Gemeint ist das Wort des Glaubens, das wir verkünden. Denn wenn du mit deinem *Mund* bekennst: ›Herr ist Jesus‹, und in deinem Herzen glaubst: ›Gott hat ihn von den Toten auferweckt‹, so wirst du gerettet werden. Wer mit dem Herzen glaubt und mit dem *Mund* bekennt, wird Gerechtigkeit und Heil erlangen« (Röm 10, 8—10).

Im Gebetsgottesdienst der ersten christlichen Gemeinden haben einzelne solche Bekenntnisse ausgesprochen (vgl. 1 Kor 12, 3). Wenn wir uns zum ersten Mal in einer Gebetsversammlung in ähnlicher Weise persönlich zu Jesus als dem Herrn und wahrhaft Auferstandenen bekennen, dann spüren wir, daß damit unser Glaube wächst. Er wird konkret, gleichsam »sinnlich«. Es ist in der Tat ein großer Unterschied, ob wir im stillen *denken*: »Herr ist Jesus« oder ob wir dies bekenntnishaft vor anderen aussprechen! Und nochmals ist es ein Unterschied, ob wir gemeinsam mit anderen »im Chor« das Glaubensbekenntnis beten oder ob wir dieses Bekenntnis zu Jesus ganz *persönlich* vor anderen aussprechen. Jesus erwartet von jedem einzelnen dieses ganz persönliche Zeugnis in der Arbeitswelt, in der Familie, vor den Menschen, mit denen wir zusammenleben:

»Wer sich vor den Menschen zu mir bekennt, zu dem wird sich auch der Menschensohn vor den Engeln Gottes bekennen. Wer mich aber vor den Menschen verleugnet, der wird auch vor den Engeln Gottes verleugnet werden« (Lk 12, 8 f).

Welch ein Anruf, dem Zeugnis für Christus entsprechend zu leben und zu handeln!

Dritter Tag: Die Geisterneuerung befähigt uns zum Zeugnis

Der Heilige Geist war in dem Menschen Jesus von Nazaret anwesend vom ersten Augenblick seines Lebens an, aber dies wurde erst bei seiner Geisttaufe im vollen Sinne offenbar. In ähnlicher Weise begleitet uns die Güte Gottes vom ersten Augenblick unserer Existenz an, und wenn wir als kleine

Kinder getauft worden sind, dann hat schon damals Gott uns die wirksame und treue Zusage gegeben, daß er uns mit der ganzen Fülle seines Geistes beschenken will. In fast allen Kirchen werden zum Zeichen dieser Zusage Gottes dem Täufling die Hände aufgelegt. Das Angebot Gottes wird aber nur in dem Maß in uns wirksam, als wir es ganz persönlich annehmen. Deshalb wird der Täufling in der Öffentlichkeit der Kirche gefragt, ob er sich zu Christus bekennt und dem Satan widersagen will. Dieses persönliche Bekenntnis zu Christus in der Öffentlichkeit der Kirche müssen wir uns im Laufe unseres Lebens immer wieder neu von Gott schenken lassen. Wenn uns dabei die Anwesenden die Hände auflegen, dann ist dies nicht eine neue Taufe, sondern die Erneuerung dessen, was in der Taufe von Gott her bereits an uns geschehen ist. Auch wenn wir als erwachsene Menschen getauft worden wären oder getauft worden sind, gehört die Erneuerung des Taufversprechens zum Wesen der Taufe selbst. Der folgende Text galt jemandem, der das Amt des Vorstehers in der Gemeinde hatte, aber er gilt in ähnlicher Weise für alle, die als kleine Kinder getauft worden sind:

»Deshalb rufe ich dir ins Gedächtnis: Entfache die Gnade Gottes wieder, die in dir ist, seit ich dir die Hände aufgelegt habe. Denn Gott hat uns nicht einen Geist der Verzagtheit gegeben, sondern den Geist der Kraft, der Liebe und der Besonnenheit. *Schäme dich also nicht, dich zu unserem Herrn zu bekennen.* Gott gibt dazu die Kraft. Er hat uns errettet; mit einem heiligen Ruf hat er uns gerufen, nicht aufgrund unserer Werke, sondern aus eigenem Entschluß und aus Gnade« (2 Tim 1, 6—9).

Frage Dich jetzt, ob Gott Dich — vielleicht in den letzten Wochen — soweit geführt hat, daß Du bereit sein kannst, Dein Taufversprechen vor anderen nachzuholen oder zu wiederholen. Gott hat jeden von uns mit heiligem Ruf gerufen und will auch Dich zum Zeugnis für ihn befreien. Wenn Du zu diesem Schritt bereit bist, dann nicht aufgrund Deiner eigenen Verdienste, denn bevor Du Dich für Christus persönlich entscheiden kannst, hat Gott immer schon den ersten Schritt getan: *Sein* Entschluß und *seine* Zunge ermöglichen Deinen Entschluß und Deine Auslieferung an ihn.

Vierter Tag: Jesus selbst tauft uns mit seinem Heiligen Geist

Als Jesus sich am Jordan von Johannes taufen ließ, begann sichtbar und öffentlich die Geschichte der christlichen Kirche. Im Pfingstereignis nämlich hat Jesus nun seinerseits die zum Gebet versammelten Jünger mit seinem Heiligen Geist übergossen, und damit begann zugleich die missionarische Ausbreitung der Kirche. In seiner Pfingstpredigt sagt Petrus: »Diesen Jesus hat Gott auferweckt, dafür sind wir alle Zeugen. Nachdem er durch die rechte Hand Gottes erhöht war und vom Vater den verheißenen Heiligen Geist empfangen hatte, hat er *ihn ausgegossen*, wie ihr seht und hört... Mit Gewißheit erkenne also das ganze Haus Israel: Gott hat ihn zum Herrn und Christus gemacht, diesen Jesus, den ihr gekreuzigt habt. Als sie das hörten, *traf es sie ins Herz*, und sie sagten zu Petrus und den übrigen Aposteln: Was sollen wir tun, Brüder? Petrus antwortete ihnen: Bekehrt euch, und jeder von euch lasse sich auf den Namen Jesu Christi taufen zur Vergebung eurer Sünden; dann werdet ihr die Gabe des Heiligen Geistes empfangen« (Apg 2, 32—38).

Die Befreiung zum Zeugnis für Jesus war für die Jünger jedoch nicht ein einmaliges Ereignis. Nach der ersten Verfolgung wurde ihnen eine Erneuerung der Pfingsterfahrung geschenkt: »Als sie gebetet hatten, bebte der Ort, an dem sie versammelt waren, und alle wurden mit Heiligem Geist erfüllt, und sie verkündeten das Wort Gottes mit Freimut« (Apg 4, 31).

Jesus selbst taufte seine Jünger mit seinem Heiligen Geist, befähigte sie zum Zeugnis. Dies schließt nicht aus, sondern ein, daß die *Fortdauer* des Pfingstereignisses auch vermittelt ist durch die Predigt der Apostel (vgl. Apg 10, 44—48) und durch ihre Handauflegung (Apg 8, 14—18; 19, 5 f). Nach katholischem Verständnis ist diese Handauflegung der Apostel der Beginn des Firmsakramentes. Auch die Konfirmation ist häufig mit einer Handauflegung und der Bitte um die Herabkunft des Heiligen Geistes verbunden.

Wenn Du also im Laufe dieses Seminars — vielleicht nach der sechsten Woche — oder später vor die anderen hintrittst und um die Geisteserneuerung bittest, dann geschieht dabei zweierlei:

1. Erneuerung des Taufversprechens: Ich widersage dem Satan, ich widersage dem Mißtrauen gegen Gott. Herr, ich übergebe Dir mein ganzes Leben von Anfang an, mit allem, was mich von Dir trennt. Ich übergebe Dir meinen Verstand, meinen Willen, meine Gefühle, meine Wünsche und meinen Tod. Hilf mir, daß ich täglich mit Dir sterben kann, damit ich Dein Zeuge werde. Sei Du der Herr in meinem Leben und verändere mich so, wie Du mich haben willst.

2. Annahme der Geistesgaben: Herr, ich bin bereit, alle Geistesgaben anzunehmen, die Du mir verheißen hast. Schenke mir die Fülle Deines Heiligen Geistes.

Wir werden in der sechsten Woche noch genauer von einzelnen Geistesgaben sprechen. Ihre Ausübung setzt jedoch den persönlichen Schritt der Auslieferung an den Herrn der Kirche voraus, und deshalb wachsen viele erst nach diesem ersten Schritt der Geisterneuerung in die Ausübung der ihnen je verliehenen Geistesgaben hinein. Um sie bitten viele dann in besonderer Weise bei der zweiten oder dritten Geisterneuerung (nach Wochen, Monaten oder Jahren). Die Güte Gottes treibt uns immer wieder zur Umkehr, sein Geist führt uns immer tiefer in das Verständnis und die Ausübung der Geistesgaben hinein.

Überlege also, wieweit der Geist Gottes Dich bisher geführt hat, und sprich auch mit anderen Seminarteilnehmern darüber. Die Gnade Gottes ist größer als unser Mißtrauen ihm gegenüber! Hat sie nicht auch Dich schon ins Herz getroffen?

Fünfter Tag: Du mußt Dich für Christus entscheiden in der Kraft seines Heiligen Geistes

Wer würde nicht vor dem Schritt zurückschrecken, mit Christus zu sterben, wenn sogar ihn selbst am Ölberg Furcht und Angst ergriffen (vgl. Mk 14, 33)? Wer Jesus nachfolgen will, kommt aber an dieser Entscheidung nicht vorbei:

»Wer nicht für mich ist, ist gegen mich. Darum sage ich euch. Jede Sünde und Lästerung wird dem Menschen vergeben werden, aber die Lästerung gegen den Geist wird nicht vergeben. Wer etwas gegen

den Heiligen Geist sagt, dem wird nicht vergeben, weder in dieser, noch in der zukünftigen Welt« (Mt 12, 30 f).

Jesus behauptet von sich, daß alles, was er sagt und tut, nicht auf dämonische Kräfte zurückgeht oder rein psychologisch zu erklären ist und daß er in seiner Kraft die Widerstände gegen Gott und alle Bosheit austreibt (vgl. Mt 12, 28). Jesus hat die Vollmacht, unsere Widerstände gegen Gott zu überwinden: jenes Mißtrauen, an dem wir vielleicht selbst gar nicht schuld sind, und auch unsere persönlichen Sünden, für die wir vor Gott verantwortlich sind. Wenn Du dies nicht glaubst, wenn Du das Angebot Jesu nicht annimmst, dann sündigst Du gegen den Heiligen Geist. Diese Sünde kann nicht vergeben werden, weil Du selbst es nicht willst! Gott zwingt uns nicht, sondern er will uns durch seinen Heiligen Geist zur vollen Freiheit erwecken. Den ersten Schritt hat Gott schon getan durch sein Wort, in den Sakramenten und durch die innere Führung. Jedem von uns gilt deshalb das Wort des Paulus:

»Ich vertraue darauf, daß der, der bei euch das gute Werk *begonnen* hat, es auch vollenden wird bis zum Tag Christi Jesu. Ich bete darum, daß eure Liebe immer reicher an Einsicht und Verständnis wird, damit ihr euch für das entscheiden könnt, worauf es ankommt« (Phil 1, 6. 9 f).

Fürchte Dich nicht vor den Konsequenzen Deiner Entscheidung! Dein Leben wird sich nicht von heute auf morgen ändern und ist in jedem Falle immer auch eine Frucht des Geistes. Liebe, Freude, Friede, Freundlichkeit, Selbstbeherrschung: All dies ist *mehr* ein Werk des Heiligen Geistes in Dir als Deine eigene Anstrengung (Gal 5, 22). Allerdings wirkt der Heilige Geist in Dir auch nicht ohne Dich (vgl. den fünften Tag der dritten Woche).

Sechster Tag: Und wenn Gott schweigt?

Jesus hat bei seiner Geisttaufe die Anwesenheit Gottes erfahren: Auf sein Gebet hin »sieht« er den Heiligen Geist und »hört« eine Stimme (Lk 3, 21 f). In ähnlicher Weise werden viele bei ihrer Geisterneuerung so tief von Gott ergriffen, daß sie überströmen vor Freude, daß sie eine große und starke Kraft in sich erfahren, die durchaus vergleichbar ist mit der Erfahrung der Liebe zwischen zwei Menschen (vgl. den dritten Tag der zweiten Woche). Andere aber »spüren« in der Stunde der Geisterneuerung gar nichts, sie erfahren in sich nur eine große innere Leere. Sie bleiben stumm und sind vielleicht sogar »enttäuscht«. Irgendwann wird jeder in diese innere Leere und Wüste geschickt, damit er sich nicht allzusehr an seine persönlichen religiösen Erfahrungen klammert, sie gleichsam um ihrer selbst willen sucht und genießt. Paulus wird bei seiner Bekehrung gesagt: »Ich bin dir *dazu* erschienen, um dich zum Diener und Zeugen dessen zu erwählen, was du gesehen hast und was ich dir noch zeigen werde« (Apg 26, 16). Die Erfahrung der Anwesenheit Gottes wird uns *um des Zeugnisses willen* geschenkt und nicht um der Erfahrung selbst willen. Geisttaufe ist deshalb zugleich immer auch *Todestaufe*. Jesus bereitet seine Jünger mit deutlichen Worten darauf vor:

»Jakobus und Johannes sagten zu Jesus: Laß einen von uns zu deiner Rechten und den anderen zu deiner Linken sitzen, wenn du in deine Herrlichkeit kommst. Jesus erwiderte: Ihr wißt nicht, worum ihr bittet. Könnt ihr den Becher trinken, den ich trinke oder die *Taufe* auf euch nehmen, mit der ich getauft werde? Sie antworteten: Wir können es. Da sagte Jesus zu ihnen: Den Becher, den ich trinke, werdet ihr trinken und die *Taufe*, mit der ich getauft werde, werdet ihr empfangen. Doch es steht mir nicht zu, die Plätze zu meiner Rechten oder Linken zu verteilen. Auf ihnen werden die sitzen, die dafür bestimmt sind« (Mk 10, 37—40).

Jakobus und Johannes hatten als Begleiter und Jünger Jesu eine großartige Erfahrung erwartet: Sie möchten die Ehrenplätze an seiner Seite einnehmen, wenn er sein — wie auch immer vorgestelltes Reich — aufrichtet. Sie erwarten in der Nachfolge Jesu Ehre und Macht und von Jesus selbst eine entsprechende bindende Zusage. Er aber weist sie darauf hin, daß der Weg zur Herrlichkeit durch das Leiden der *Todestaufe* führt. Das Wort »Taufe« ist hier ebenfalls (vgl. das Wort »Geisttaufe«) in einem übertragenen Sinne gebraucht: Es meint von seinem Ursprung her ein Übergossenwerden und zugleich Reinigung: Wer Jesus nachfolgt, wird vom Leiden ganz überströmt und in ihm begraben, und dieses Bad hat zugleich reinigende Kraft. Es reinigt von falschen, selbstsüchtigen, genießerischen Erwartungen.

Jesus hat diese Todestaufe, diese Wüste innerer Leere, an sich erfahren, als er am Ölberg betete. Da hat er nichts gesehen und keine Stimme gehört, sondern nur tiefe Verlassenheit erfahren. Lukas bemerkt, daß er auch in dieser Stunde nicht ohne Stärkung durch Gott blieb (22, 43), aber es war *Stärkung der Hoffnung,* daß Gott ihm treu bleibt und sein Leiden annimmt. Am Kreuz steigert sich im Verständnis des Mattäus und Markus diese Todestaufe Jesu zu einer für uns unvorstellbaren Trennung von Gott: »Mein Gott, mein Gott, warum hast Du mich verlassen?« (Mt 27, 46; Mk 15, 34). Dieser Schrei Jesu ist alles andere als enthusiastisch: Gott der Sohn, schreit hier nach Gott dem Vater, der sein Eigenstes, seinen Sohn, nicht geschont, sondern ihn für uns alle weggegeben hat (Röm 8, 32). Der da am Kreuz hängt und nach seinem Gott schreit, erhält *keine Antwort.* Er sieht nichts und hört keine Stimme: Seine einzige Nähe zu Gott ist seine *Hoffnung!*

Diese Todestaufe Jesu ist die Voraussetzung für die Geisttaufe der Jünger beim Pfingstereignis. Wer nicht bereit ist, die Todestaufe auf sich zu nehmen, mit der Jesus getauft worden ist, wird auch nicht die Geisttaufe empfangen können. Seine eigene Erfahrung ist ihm dann nämlich wichtiger als das Zeugnis für Gott, als die Liebe zur Kirche! *Gott ist auch der Herr über Deine Erfahrungen*, und er selbst verteilt die Plätze zur Rechten und zur Linken Jesu. Unsere noch so ergreifenden religiösen Erfahrungen haben keinen Wert, wenn sie uns nicht an den Gekreuzigten und Auferstandenen binden. Die Mahnung Jesu zur Wachsamkeit gilt auch in bezug auf unsere eigenen Erfahrungen! Der Beweis dafür, daß unsere »Gotteserfahrung« wirklich von Gott kommt, ist die Tatsache, daß sie uns immer wieder aus uns selbst heraustreibt, Gott gegenüber wehrlos macht und unser Leben ändert. Allzu große *Sicherheit* über die Echtheit unserer Gotteserfahrung muß uns mißtrauisch machen. Die Psychologen werden uns solche »sicheren« Erfahrungen auseinandernehmen und mit Recht auf unseren Erlebnisdrang zurückführen. Im Neuen Testament kommt das Wort »Enthusiasmus« überhaupt nicht vor, und deshalb sollte man

die charismatische Grunderfahrung auch nicht als »enthusiastisch« bezeichnen. Sie beginnt mit der Annahme des eigenen
Todes (vgl. den siebten Tag der ersten Woche)!

Siebter Tag: Du wirst mir später folgen!

Wenn wir *zum ersten Mal* vor Zeugen unser Leben und unseren
Tod an Christus übergeben, dann ist dies ein entscheidender
Schritt, vielleicht sogar eine wirkliche Lebenswende. Wir
dürfen *gewiß* sein, daß Gott uns angenommen und zum Zeugnis befähigt hat. Wir können und dürfen uns später immer
wieder an diese erste Lebensübergabe erinnern, weil Gott an
uns gehandelt hat, aber wehe uns, wenn wir uns Gott gegenüber darauf berufen! Die Umkehr ist ein lebenslanger Prozeß,
und wir müssen immer mehr lernen, zwischen unseren eigenen
Impulsen und den Impulsen des Heiligen Geistes zu unterscheiden. Vielleicht ergeht es uns so wie Petrus:
»Simon Petrus sagte zu ihm: Herr, wohin gehst du? Jesus antwortete:
Wohin ich gehe, dorthin kannst du mir jetzt nicht folgen. Du wirst
mir aber später folgen. Petrus sagte zu ihm: Herr, warum kann ich
dir jetzt nicht folgen? *Mein Leben will ich für dich einsetzen.* Jesus
antwortete: Dein Leben willst du für mich einsetzen? Amen, Amen,
ich sage dir: Noch bevor der Hahn kräht, wirst du mich dreimal
verleugnen« (Joh 13, 36—38).
Bei der ersten Lebensübergabe sind wir vielleicht davon überzeugt, etwas Außerordentliches zu tun. Wir sind bereit, für
Jesus unser Leben einzusetzen, auf alles zu verzichten, und
folgen dabei sicherlich auch einem Ruf Jesu. Wir sind bereit,
wie Petrus aus dem Boot auszusteigen und das Unmögliche
zu wagen: über das Wasser zu gehen (Mt 14, 29). Der erste
große Impuls muß sich jedoch bewähren! Schon bald wird uns
die Angst vor unserem Vertrauen zu Jesus überwältigen: Wir
gehen unter und werden ihn in unserem alltäglichen Leben
verleugnen.
Wenn wir nur unserer eigenen charakterlichen Veranlagung
folgen, werden wir es nicht lernen, uns vom Geist Gottes
führen zu lassen: Er *warnt* uns nämlich, Impulsen zu folgen,

die in der Verlängerung unseres Charakters liegen. Das Wirken des Geistes erkennen wir im Laufe unserer Lebensgeschichte daran, daß wir zu Handlungen befähigt sind, die nicht unserer angeborenen Veranlagung entsprechen. Dazu gehört zum Beispiel auch die Bereitschaft, ein ganz gewöhnliches, unbeachtetes Leben zu führen, für andere da zu sein, ohne daß dies Ehre und Zuwachs an Anerkennung mit sich bringt. Das tägliche Mitsterben mit Christus, das Zeugnis unseres gelebten Lebens, ist wichtiger als der einmalige, großartige Impuls, unser Leben für Jesus einzusetzen. Einige glauben auch, sie seien aufgrund ihrer persönlichen Erfahrungen mit Gott aus den politischen und gesellschaftlichen Verpflichtungen entlassen. Sie kreisen um ihre eigene Erfahrung und verleugnen Jesus!

Die Warnungen der Bibel machen uns nüchtern, sie wollen uns aber nicht dazu veranlassen, unsere Entscheidung für Christus aufzuschieben. Wenn wir in erwartendem Vertrauen leben, gilt uns das Wort: »Wartet auf die Verheißung des Vaters, die ihr von mir vernommen habt. Johannes hat mit Wasser getauft, ihr aber werdet mit Heiligem Geist getauft werden *schon in wenigen Tagen*« (Apg 1, 4 f). Folge Jesus *jetzt*, in wenigen Tagen! Er wird Dich dann »führen, wohin du nicht willst« (Joh 21, 18), zum Dienst und zum Zeugnis.

Erster und zweiter Tag: Soziales Beten (missionarische Liturgie)

Kirche ist ihrem Ursprung nach von Gott zusammengerufene Versammlung. Sie ereignet sich nicht in erster Linie in den vielen, getrennt voneinander lebenden einzelnen, sondern im gemeinsamen Hören des Wortes und der Feier der Sakramente, also im Gottesdienst. In ihm ist jeder für jeden »Verwalter der vielfältigen Gnade Gottes« (1 Petr 4, 10). Ein entscheidender Schritt zur lebendigen Gemeinde, in denen vielfältige Geistgaben zusammenwirken, ist der *Gebetsgottesdienst,* zu dem jeder gemäß der ihm verliehenen Geistesgaben beiträgt:
»Wenn ihr euch versammelt, trägt jeder etwas bei: Einer ein Lied, ein anderer eine Lehre, der dritte eine prophetische Offenbarung. Einer betet in Sprachen und ein anderer deutet sie. Alles geschehe so, daß es aufbaut« (1 Kor 14, 26).
Dies ist die kürzeste Beschreibung eines urkirchlichen Gottesdienstes, den die ersten Christen zunächst »in ihren Häusern« (Apg 2, 46) gehalten haben. Die große Hoffnung der Kirche ist auch heute wiederum »der Heilige Geist in einer kleinen Gruppe« (V. Schurr)[15]. Die dabei geschenkte *soziale Gottes‧erfahrung* führt zu einem *sozialen Beten* (und von daher auch zu einem neuen sozialen und politischen Einsatz in der Gesellschaft!). Eine Gebetsgruppe ist deshalb kein exklusiver Freundeskreis, kein »Zirkel«, sondern ein missionarischer Zusammenschluß. Die Ebene, auf der die Anwesenden sich bewegen, wird

nicht in erster Linie von ihnen selbst hergestellt, sondern ist ihnen im Wort Gottes, in der von der subjektiven Erfahrung zunächst unabhängigen Anwesenheit des Heiligen Geistes vorgegeben. Wie geht nun ein solcher Gebetsgottesdienst, zu dem jeder etwas beiträgt, vor sich?

Hilfreich ist zunächst, daß man im Kreis sitzen kann (auch in einer Kapelle, in einem Kirchenraum, etwa im Chor usw.). Zu Beginn liest jemand einen Text aus der Bibel und gibt eine kurze Erläuterung. Dabei sollte deutlich werden, was der Text dem Vortragenden persönlich gesagt hat: Das Wort Gottes spricht uns immer auch unmittelbar an und fordert uns zur *Antwort* heraus. (Wer entsprechend geschult ist, sollte sich mit dem Text vorher auch historisch-kritisch auseinandersetzen, und deshalb ist es gut, wenn die entsprechende Textstelle vorher schon bekannt ist. Wissenschaftliche Diskussionen sollten aber außerhalb eines Gebetstreffens stattfinden.) Die Anwesenden können auch reihum einen Satz des vorgesehenen Textes lesen. Nach einem (etwa zehnminütigen) gemeinsamen Schweigen kann dann jeder sagen, ob und inwiefern der von ihm gelesene Satz ihn ganz persönlich angesprochen hat. Dies ist bereits ein Beitrag, den jeder geben kann. Aus einem weiteren gemeinsamen Schweigen werden dann persönliche Antworten auf das Wort Gottes geboren.

Dieses Schweigen ist also nicht eine Versenkung in sich selbst, in der man hofft, den Grund allen Seins in sich selbst zu finden (wie in bestimmten, ostasiatischen Meditationstechniken), sondern grundlegend Hinhören auf das Wort Gottes, das den ganzen Menschen herausfordert und seine Aktivität intensiviert. Dieses Schweigen ist weiterhin bereits in sich selbst ein *soziales* Geschehen: Jeder weiß von jedem, daß er sich jetzt vom Wort Gottes in Frage stellen läßt. Es ist ein erheblicher Unterschied, ob ich die Bibel allein für mich lese und auf mich wirken lasse oder ob ich in dieser Öffnung für das Wort Gottes mitgetragen werde von dem Schweigen anderer. Viele empfinden es am Anfang als peinlich: Man wartet darauf, daß etwas geschieht, daß jemand etwas sagt! Die tausend Hemmungen und Vorbehalte, die wir alle in uns tragen, werden offenbar, und viele empfinden deshalb dieses Schweigen als Forderung, als Überforderung. Manche legen sich dabei Sätze zurecht und denken gleichzeitig: Was werden wohl die anderen von mir denken? Mache ich es auch gut genug? Werde ich mich blamieren? Wir sind in unserer Frömmigkeit so auf uns selbst konzentriert, daß wir am Anfang das peinliche Gefühl haben, wir müßten uns selbst zur Schau stellen. Deshalb tarnen wir unsere Hemmungen mit vielerlei Entschuldigungen: Das ist nichts für mich! Es gibt doch schließlich eine religiöse Intimsphäre! Meistens wächst man erst in einem längeren, unter Umständen auch kritischen Prozeß von Wochen und Monaten in diese Form zeugnishaften Betens hinein.

Der Betende richtet sich mit seiner ganzen Person im Geist durch Christus zum Vater hin. Weil die Gebete und Anrufungen laut und vor anderen ausgesprochen werden, haben sie zugleich den Charakter der Verkündigung und dienen, wenn Gott es fügt, dem Glauben anderer: *Anbetung wird zum Dienst!* Die Anwesenheit der anderen steht dabei nicht im Vordergrund des Bewußtseins: Wenn Gott mich dazu benutzt, durch meine Glaubensäußerung einem anderen etwas zu sagen, dann ist es allein sein Werk!

Höre aber auch darauf, was Gott Dir durch den Beitrag eines anderen sagt. Du wirst aus dem Glaubenszeugnis anderer mehr empfangen, als Du jemals erwarten kannst! Es ist ein großer Unterschied, ob Du allein schweigst und betest oder gemeinsam mit anderen. Im gemeinsamen Beten geschieht eine Sozialisierung und Solidarisierung ungeahnten Ausmaßes: Dein Beten ist dann nicht nur sehr persönlich, sondern zugleich auch sehr *sozial*: Du wirst befreit aus einer falschen Privatheit Deines Glaubenslebens und erfährst ganz neu, was es heißt: Der Glaube kommt vom Hören.

Soziales Beten bedeutet dann weiterhin, daß die Gebetsbeiträge in einem Zusammenhang untereinander stehen. Deshalb ist zu unterscheiden zwischen *spontanen* und *sozial-charismatischen* Gebetsäußerungen. Schon Paulus mußte dazu ermahnen, daß einer nach dem anderen spricht, denn »Gott ist der Gott des Miteinanders, nicht des Durcheinanders« (1 Kor 14, 33). Diese Ordnung (vgl. 1 Kor 14, 40) zeigt sich darin, daß nicht jeder lediglich *spontan* das äußert, was ihm gerade einfällt, ohne auf die vorangegangenen Beiträge zu achten. Ein solch spontanes Beten kann kaum zu einer Wir-Erfahrung beitragen, es ist meistens ichbezogen, dient nicht dem Aufbau und führt häufig zur Auflösung von Gebetsgruppen. Es kann im Anfang vorkommen, daß einer nach dem anderen betet: »Herr, *ich* danke dir«, »Herr, *ich* bitte dich . . .«, ohne daß einer auf den anderen hört: Jeder kehrt lediglich seine eigene Innerlichkeit nach außen. Die Dimension des sozialen bzw. *charismatischen* Gebetsgottesdienstes ist erst dann erreicht, wenn jeder sich bei einem Gebetsbeitrag fragt: Was will Gott mir jetzt durch diesen anderen sagen? Der folgende Gebetsbeitrag ist dann zugleich auch eine Antwort auf den vorangegangenen und bestätigt ihn.

Die Antwort auf den Beitrag eines anderen kann sich durchaus traditioneller Formulierungen bedienen. Diese erhalten dann eine oft überraschende Tiefendimension. Wenn zum Beispiel jemand eine Bitte ausgesprochen hat, können die Anwesenden sie aufnehmen mit der Anrufung: »Herr, erbarme dich«. Dieser Ruf wird dann nicht gebetet, weil es im Ablauf des Gottesdienstes so vorgeschrieben ist, sondern er ist Antwort auf das Gebet eines anderen. Auch Teile des traditionellen Lobgebetes: »Ehre sei Gott in der Höhe« werden mit großer innerer Anteilnahme gebetet, wenn sie Antwort auf das Lobgebet eines anderen sind. Ein prophetischer, ermahnender Zuspruch kann beantwortet werden mit der Anrufung: »Lob sei dir, Christus.« Sie ist dann zugleich eine gerade für solche Beiträge erforderliche Bestätigung (vgl. 1 Kor 14, 29: die anderen sollen urteilen).

Aus dem Gesagten ergeben sich bereits die beiden Grundregeln des Paulus für einen Gebetsgottesdienst:
1. Alles geschehe so, daß es aufbaut (1 Kor 14, 26).
2. Alles geschehe im Miteinander und in der Ordnung (1 Kor 14, 33. 40).
Die Aufgabe des Gebetsleiters ist es, mit einem wachen Gespür auf diese soziale und charismatische Dimension zu achten. Unter Umständen muß er (vielleicht durch ein prophetisches Wort) in den Ablauf eingreifen oder (in äußersten Fällen und in geeigneter Form) jemanden bitten, sich zurückzuhalten. Vom

Gebetsleiter wird vor allem die Gabe der Unterscheidung der Geister erwartet, ein vom Geist Gottes eingegebenes Urteil, ob Äußerungen aus primär menschlichen Antrieben kommen oder vom Geist Gottes oder von widergöttlichen Mächten. Der Gebetsleiter muß deshalb auch ein waches Gespür dafür haben, wann der Gebetsgottesdienst abschließt (mit einem Segenswort oder einem Lied), falls sich nicht noch eine Eucharistiefeier anschließt. Ein Gebetsgottesdienst dauert so lange, als der Geist Gottes die Anwesenden führt: eine halbe Stunde oder auch drei Stunden und länger.

Die beschriebene charismatische Dimension wird häufig erst nach einer längeren »Einübung« von Wochen und Monaten erreicht. Im Anfang überwiegen meistens Bittgebete, während später die Anbetung Gottes um seiner selbst willen in den Vordergrund tritt. Die erste Phase der »Einübung« mündet häufig in eine erste *Krise* ein: Im Anfang erwartet man zu sehr, daß etwas geschieht: Das Gebet ist zäh, die Stimmung oft bedrückend, manche bleiben wieder fort. Einer Gebetsgruppe ist es einmal folgendermaßen ergangen: Als nach einigen Monaten von 20 Teilnehmern noch drei übriggeblieben waren, kam die Frage auf: Ist es wirklich der Wille Gottes, daß wir in dieser Weise miteinander beten, oder treibt uns in erster Linie unsere eigene Anstrengung und Absicht, die Kirche zu erneuern? Einige aus der Gruppe haben dann eine ganze Nacht hindurch um Einsicht, Erkenntnis und Führung gebetet, und dann begann ein zunächst schmerzlicher Prozeß der Selbstauslieferung. Sie haben es neu gelernt, den eigenen Tod ganz persönlich anzunehmen und sich Gott zur Verfügung zu stellen. Monate später haben sie dann unter gegenseitiger Handauflegung um die Annahme der Geistesgaben gebetet, und diese »Geisttaufe« war dann ein neuer Beginn. Die Gruppe wuchs schnell an, auf über 200 Personen. Viele von diesen sind nunmehr in ihren jeweiligen Ortsgemeinden missionarisch tätig, und der Geist Gottes hat dort durch sie neue Gebetsgruppen ins Leben gerufen: Soziales und charismatisches Beten führt zur Gemeinde-Erneuerung, während Ichbetonung zu sektenhafter Abspaltung verführt!

Dritter Tag: Was für ein Haus wollt ihr mir bauen?

Was die Kirche ist, läßt sich nicht in wenigen Worten sagen. Sie ist nicht weniger ein Geheimnis des Glaubens als die Menschwerdung. Die Bibel beschreibt es uns in verschiedenen Bildern, die dem Hirten- und Bauernleben, dem Hausbau oder auch den Familien- und Brautbeziehungen entnommen sind. Betrachten wir in dieser Woche einige dieser Bilder.

Wir verbinden mit dem Wort »Kirche« häufig die Vorstellung »Gotteshaus« und vergessen dabei, daß *jeder von uns* Tempel Gottes, das heißt, Ort seiner Anwesenheit ist. Missionarische Liturgie aber setzt voraus, daß jeder einzelne und die Versammlung als ganze sich der Gnade bewußt ist, Tempel des Heiligen Geistes zu sein. Nur so können die persönlichen Gebetsbeiträge mit jener *Ehrfurcht* aufgenommen werden, die auch im Gebetsgottesdienst Anfang der Liebe ist.

»Wißt ihr nicht, daß ihr Gottes Tempel seid und der Geist Gottes in euch wohnt? Wenn einer den Tempel Gottes verdirbt, wird Gott ihn verderben. Denn der Tempel Gottes ist heilig und der seid ihr« (1 Kor 3, 16 f).

»Wie verträgt sich der Tempel Gottes mit Götzen? Wir sind doch der Tempel des lebendigen Gottes; denn Gott hat gesprochen: Ich will unter ihnen wohnen und leben, ich werde ihr Gott sein und sie sollen mein Volk sein« (2 Kor 6, 16).

»Salomo baute Gott ein Haus. Doch der Höchste wohnt nicht in dem, was Menschenhände gemacht haben, wie der Prophet sagt: Der Himmel ist mein Thron und die Erde der Schemel meiner Füße. Was für ein Haus wollt ihr mir bauen? spricht der Herr. Oder welcher Ort soll mir als Ruhestätte dienen?« (Apg 7, 48 f).

Tempel bedeutet wörtlich »Ausschnitt« und meint seit ältester Zeit jenen ausgesonderten Ort, an welchem die Gottheit oder Gott in besonderer Weise anwesend ist. Für die Juden zur Zeit Jesu war dieser Ort der Tempel von Jerusalem. Jesus war »täglich« dort und lehrte (Mk 14, 59; Mt 26, 25). Er hat den Tempel durchaus als »Haus Gottes« geachtet (vgl. Joh 2, 16), aber er selbst ist in seiner Lehre und in seiner Person »mehr als der Tempel« (Mt 12, 6). Er *ist* selbst der Tempel Gottes: »Reißt diesen Tempel nieder, und in drei Tagen werde ich ihn wieder aufrichten. Da sagten die Juden: Sechsundvierzig Jahre

wurde an diesem Tempel gebaut und du willst ihn in drei Tagen
wieder aufrichten? Er aber meinte den *Tempel seines Leibes*« (Joh 2,
19—21).
Jesus selbst ist jener ausgezeichnete und ausgesonderte »Ort«,
an welchem Gott auf einzigartige Weise anwesend ist! Wenn
wir an seiner Geisttaufe, an seiner Geisterfahrung teilhaben,
dann werden auch wir zu solchen »Tempeln«! Jeder Christ ist
also für jeden *Ort der Anwesenheit Gottes*, und eben deshalb
wird diese in besonderer Weise offenbar, wenn »alle am gleichen Ort« im Gebet versammelt sind (Apg 2, 1). In großer
Ehrfurcht vor der Anwesenheit des Heiligen Geistes hört deshalb jeder dem Beitrag des anderen zu, läßt sich von ihm
ansprechen und in Frage stellen. Bei aller Notwendigkeit der
Prüfung der Geistesgaben sind diese doch in erster Linie
»Offenbarung des Geistes« (1 Kor 12, 7).
Deshalb die Frage: Wenn heute ein Ungläubiger oder Unkundiger in eine Gebetsversammlung kommt: Wird er dann auch
auf sein Gesicht niederfallen, Gott anbeten und ausrufen:
»Wahrhaftig, Gott ist unter euch« (1 Kor 14, 25)?

Vierter Tag: Jeder ist unentbehrlich

Die Kirche ist lebendig in der Versammlung, zu der jeder
etwas beiträgt. Werden dabei aber nicht vor allem solche den
Gottesdienst beherrschen, die von Natur aus die Gabe haben,
sich zu äußern, werden nicht gar Geltungsdrang und Ehrgeiz
sich breit machen? Und was geschieht, wenn nicht nur eine
kleine Gebetsgruppe, sondern die ganze Gemeinde am Sonntag
anstelle des traditionellen Wortgottesdienstes einen Gebetsgottesdienst miteinander feiert? (Es wäre denkbar, daß in jeder
Ortsgemeinde zunächst *einer* der sonntäglichen Gottesdienste
»missionarische Liturgie« ist.)
Paulus kennt diese Probleme sehr genau und erinnert die
Korinther daran, daß sie als Gemeinde *Leib Christi* sind: Wer
diesen Leib, diese Versammlung (bzw. die Abendmahlsgaben,
aufgrund deren die Gemeinde Leib Christi ist) nicht unterscheidet von einer sonstigen Versammlung (bzw. von gewöhn-

lichem Brot und Wein), der ißt und trinkt sich das Gericht (1 Kor 11, 29). Paulus erläutert deshalb das Verhältnis der verschiedenen Gnadengaben zueinander durch den Hinweis auf das Verhältnis der Glieder an unserem menschlichen Leib:

»In dem *einen* Geist wurden wir durch die Taufe alle zu einem einzigen *Leib,* und wir wurden alle mit dem *einen* Geist getränkt. So besteht auch der Leib nicht nur aus *einem* Glied, sondern aus vielen. Wenn der Fuß sagt: Ich bin nicht die Hand, ich gehöre nicht zum Leib, so gehört er doch zum Leib. Und wenn das Ohr sagt: Ich bin nicht Auge, ich gehöre nicht zum Leib, so gehört es doch zum Leib. Wenn der ganze Leib nur Auge wäre, wo bliebe dann das Gehör? Wenn er nur Gehör wäre, wo bliebe dann der Geruch? Nun aber hat Gott jedes einzelne Glied so in den Leib eingefügt, wie es seinem Plan entsprach. Wären alle zusammen nur *ein* Glied, wo bliebe dann der Leib? So aber gibt es viele Glieder und doch nur *einen* Leib. Das Auge kann nicht zur Hand sagen: Ich bin nicht auf dich angewiesen. Der Kopf kann nicht zu den Füßen sagen: Ich brauche euch nicht. Im Gegenteil, gerade die schwächer scheinenden Glieder des Leibes sind *unentbehrlich*« (1 Kor 12, 13—22).

Keiner hat alle Gnadengaben, aber auch nicht jeder hat die-selbe, sondern der Geist teilt *jedem seine* Gnadengabe zu, wie er will (1 Kor 12, 11). Jeder hat im Gottesdienst deshalb seine unvertretbare und unentbehrliche Funktion, in ähnlicher Weise, wie jedes einzelne Glied an unserem Leibe. Der Fuß ist nicht die Hand, das Ohr nicht das Auge usw. Jedes Glied ist in seiner eigenen Funktion auf jedes andere angewiesen und jedes ist deshalb *unentbehrlich*. Erst im Zueinander, im Zusammen-spiel der unterschiedlichen Funktionen kann der Leib als ein ganzer tätig werden[16].

Deshalb kann der Apostel, der Gemeindeleiter, nicht zu den Propheten sagen: Ich brauche euch nicht, und die Lehrer nicht zu den Propheten: Wir brauchen euch nicht. Wo bliebe die Kirche als »Leib Christi«, wenn sie nur aus einem Apostel, nur aus einem Propheten, nur aus einem Lehrer bestünde bzw. von einer einzigen Geistesgabe beherrscht würde? Gott hat mit jedem einzelnen Menschen sein *Plan,* und er hat jedem eine entsprechende Aufgabe für das Ganze der Kirche zuge-wiesen.

Es ist eine besondere Gefahr der charismatischen Erneuerung, daß die leuchtenderen Charismen ungebührlich in den Vordergrund treten und die weniger auffälligen gering geachtet werden. Wer zum Beispiel den Raum für die Gebetsversammlung herrichtet, wer lästige organisatorische Aufgaben übernimmt oder die Kasse verwaltet, hat einen jeweils *unentbehrlichen* Dienst. Im Hinblick auf den Gebetsgottesdienst selbst gilt: Wer es von Natur aus gewohnt ist, sich zu äußern, sollte sich zurückhalten; und wer von Natur aus zurückhaltend ist, sollte den Mut haben, seinen Beitrag zu geben. Vor allem sollte jeder auf das Zueinander der Gebetsbeiträge achten, nicht gleichsam ungeduldig warten, bis er an die Reihe kommt, sondern zunächst *zuhören*. Vielleicht will Gott Dich durch einen ganz unscheinbaren Beitrag so ins Herz treffen, daß er Dir noch tagelang nachgeht. Wenn alle aufeinander achten, dann ruft ein Charisma das andere hervor. Wenn aber jeder nur mit sich selbst beschäftigt ist, bleibt der Gottesdienst ohne Frucht.

Fünfter Tag: Gott fängt nur einmal an

So wichtig die Versammlung der kleinen Wort- und Altargemeinde auch ist: Kirche ist mehr als »Gruppe«, mehr als die einzelne Ortsgemeinde. Sie ist auch nicht lediglich ein Zusammenschluß von Gruppen oder Gemeinden, sondern sie hat ein für allemal *begonnen* mit dem Menschen Jesus von Nazaret, mit dem ersten Pfingstereignis. Gott hat in Jesus Christus *endgültig* gehandelt, und er hat seine Kirche durch ihn *endgültig* gegründet. Gott ist sich selbst treu, er widerruft seine Entschlüsse nicht und gründet seine Kirche nicht immer wieder neu. Diese Tatsache ist für jegliche Erneuerung in der Kirche von entscheidender Bedeutung: Die Dynamik der charismatischen Erneuerung zielt nicht auf eine neue charismatische Kirche, die alle geistlichen Traditionen hinter sich läßt, sondern sie kann nur dann fruchtbar sein, wenn sich alle *bestehenden* Kirchen von ihr erfassen lassen. Es kann sein, daß Dich diese Gedankengänge im Augenblick nicht interessieren, aber wenn Geisttaufe, Geisterneuerung etwas mit der Geisterfahrung Jesu selbst zu tun hat, dann wird Dich auch der *geschichtliche* Weg

interessieren, auf dem diese Geisterfahrung zu uns kommt, denn Kirche ist die *Fortdauer der Geisterfahrung Jesu*!
Für die frühe Kirche war ein entscheidender Schritt die Bekehrung der Heiden. Etwa zwölf Jahre nach dem ersten Pfingstereignis predigt Petrus im Hause des Heiden Kornelius und verweist dabei ausdrücklich darauf: *angefangen* hat die Kirche mit der Geisttaufe Jesu:

»Ihr wißt, was im ganzen Judenland geschehen ist, *angefangen* in Galiläa, nach der Taufe, die Johannes verkündet hat: Wie Gott Jesus von Nazaret *gesalbt hat mit Heiligem Geist und Kraft...* Noch während Petrus dies sagte, kam der Heilige Geist auf alle herab, die das Wort hörten. Die gläubig gewordenen Juden, die mit Petrus gekommen waren, konnten es nicht fassen, daß auch auf die Heiden die Gabe des Heiligen Geistes ausgegossen wurde. Denn sie hörten sie in Sprachen beten und Gott preisen« (Apg 10, 37 f. 44 bis 46).

Wir sehen hier deutlich: Die Verkündigung von Jesus als dem »Gesalbten«, dem mit Heiligem Geist Getauften, geschieht nicht nur in der Kraft des Heiligen Geistes, sondern in ihr wird die Geisterfahrung auch gleichsam »vererbt«. *Im geistlichen Wort der Predigt hat die Geisterfahrung Jesu selbst eine Geschichte!* Petrus ist dabei keineswegs der »Spender« des Geistes, sondern allein der erhöhte Herr, aber dieser bedient sich menschlicher Worte, um die Menschen auf den Geistempfang vorzubereiten. Der Heilige Geist ist aber in den Worten des Petrus nicht gleichsam »enthalten«, er wird nicht »vererbt« wie ein Stück Geld. Das Wort Gottes ist immer persönliches *Angebot*, und es wirkt in den Hörern nur in dem Maße, als sie dieses annehmen, als sie bereit sind zur Antwort.
Vielleicht hast Du selbst schon einmal erfahren, daß andere Menschen durch Dein persönliches Glaubenszeugnis zum Glauben gekommen sind. Nicht aufgrund Deiner persönlichen Überredungskunst, sondern weil der Geist Gottes Deinen Verstand, Deinen Willen, Deine Gefühle gebraucht hat. Wir werden nie *genau* sagen können, was in diesem Vorgang Gott selbst tut und was wir tun. Man wird jedoch zweierlei festhalten müssen:
1. Es ist nicht so, daß teilweise wir und teilweise Gott handelt, sondern Gott ist immer *ganz* am Werke, und auch wir sind

ganz beansprucht. 2. Der Heilige Geist kommt nicht *nur* gleichsam »von oben« und schafft so immer wieder neue Gemeinden und Kirchen, die getrennt voneinander leben und sich gegenseitig ausschließen. Gott hat seine Kirche ein für allemal am *Anfang* gegründet, und deshalb bleibt dieser Anfang Maßstab für die Geschichte der Kirche. *Im Glaubenszeugnis dauert die Geisterfahrung Jesu fort, geschieht Kirche.* Darauf weist Petrus selbst hin, wenn er von der Gemeinde von Jerusalem über das Ereignis im Hause des Kornelius berichtet: »Während ich redete, kam der Heilige Geist auf sie herab, *wie am Anfang auf uns.* Da erinnerte ich mich an das Wort des Herrn: Johannes hat mit Wasser getauft, ihr aber werdet mit Heiligem Geist getauft werden« (Apg 11, 15 f).

Weil alle Menschen Sünder sind und bleiben, weil die Tendenz zur Sünde und zum Mißbrauch unausrottbar ist, kann diese Anfangserfahrung nie rein erhalten bleiben. Die Geschichte der Kirche ist entstellt durch Fehlentwicklungen, Mißbrauch, Sünde, Trennung und Spaltung. Dies alles aber kommt nicht vom Heiligen Geist selbst, und deshalb bedarf die Kirche der ständigen Umkehr und Reformation. Wir beten darum, daß alle christlichen Kirchen durch die Kraft des Heiligen Geistes wieder zusammengeführt werden, daß die charismatische Erneuerung zugleich der Beginn einer *gemeinsamen* Tradition ist, und daß sie alle eins werden, so wie am Anfang Juden und Heiden und die verschiedenen Ortskirchen zu der einen Gesamtkirche Jesu Christi zusammengewachsen sind

Sechster Tag: Charismatisches Durcheinander?

Charismatische Aufbrüche haben im Laufe der Kirchengeschichte schon häufig zur Abspaltung, zur Bildung neuer Kirchen geführt, und zwar durch die Schuld der Menschen auf beiden Seiten: Die bestehenden Kirchen waren nicht bereit, sich durch diese Aufbrüche in Frage stellen zu lassen und ihre Impulse in sich aufzunehmen, die sogenannten »Charismatiker« dagegen waren nicht bereit, sich unterzuordnen. In einigen Kirchen, die seit Beginn unseres Jahrhunderts aufgrund charismatischer Aufbrüche entstanden sind, stellt sich eine ähnliche Frage, wie in der Gemeinde von Korinth: Wer sorgt für die Ordnung und Disziplin? Ohne die starke Autorität des Paulus hätten sich die Spaltungstendenzen (vgl. 1 Kor 1, 1–13) weiterentwickelt. Auch Paulus gibt für die Feier des Herrenmahles bestimmte *Anordnungen* (1 Kor 11, 34) und betont im Hinblick auf die Ausübung der Geistesgaben im Gottesdienst: »Gott ist der Gott des Miteinanders, *nicht des Durcheinanders*« (1 Kor 14, 33). »Alles geschehe in Anstand und *Ordnung*« (V. 40). Im Hinblick auf diese Aussagen haben die Reformatoren des 16. Jahrhunderts die Notwendigkeit des kirchlichen »Amtes« betont.

Dieses ist in der Urkirche charismatischer Dienst an den anderen Charismen, und zwar in zweifacher Hinsicht: 1. Der Gemeindeleiter soll in der Liebe Christi für die *Ordnung* der Geistesgaben untereinander Sorge tragen. 2. Er soll für die Verbindung zu den übrigen Gemeinden sorgen und das *Ganze* der Kirche im Auge behalten. Eines der schwierigsten Probleme für die Zukunft der charismatischen Erneuerung, wie sie um die Mitte unseres Jahrhunderts auch in den Großkirchen aufgebrochen ist, ist das der Leitung, der Disziplin und Ordnung.

Deshalb sollten alle aus der Geschichte der Gemeinde von Korinth lernen: Schon bald nach dem Tod des Paulus kommen die Spaltungstendenzen voll zum Ausbruch. Etwa 40 Jahre nach der Abfassung des 1. Korintherbriefes und etwa 30 Jahre nach dem Tod des Paulus schreibt die »Kirche von Rom« einen Brief an die »Kirche von Korinth«. Dieser Brief ist sehr wahrscheinlich von dem römischen Bischof Klemens verfaßt und unter der Bezeichnung »Erster Klemensbrief« in die Geschichte eingegangen. In Korinth hatten einige anmaßende jüngere Leute, die nicht in großem Ansehen standen, bewährte Gemeindevorsteher einfach abgesetzt. Dadurch war nicht nur die Gemeinde selbst in Verwirrung geraten, sondern auch den Ungläubigen wurde ein Vorwand zur Lästerung des Namens Jesu gegeben (vgl. 1, 1; 47, 7). Der Verfasser des Briefes ermahnt deshalb zur Ordnung und Unterordnung unter die Gemeindevorsteher. Der Brief weist darauf hin, daß die Apostel einen Streit um das Vorsteheramt voraussahen und deshalb

Gemeindevorsteher eingesetzt haben, die dann wiederum anderen erprobten Männern den Auftrag gaben, nach ihrem Tod ihren Dienst zu übernehmen.

»Eure Gemeindevorsteher wurden von den Aposteln oder später von anderen zu ihrem Dienst bestimmt und unter Zustimmung der ganzen Gemeinde eingesetzt. Sie haben das Hirtenamt Christi in Demut untadelig, ruhig, uneigennützig verwaltet und lange Zeit hindurch von allen ein gutes Zeugnis erhalten. Wir halten es nicht für recht, diese vom Dienst abzusetzen« (44, 3).

Wie aber soll die Ordnung wiederhergestellt werden? Der Brief ist zwischen 90 und 100 geschrieben, und damals hatte sich noch keine feste kirchliche Ordnung herausgebildet. Was liegt näher, als auf das Vorbild des Alten Testamentes zurückzugreifen?

»Gott wollte, daß Opfer und Gottesdienst gehalten werden, aber nicht aufs Geratewohl und ohne Ordnung, sondern zu festgesetzten Zeiten und Stunden ... Dem obersten Priester sind nämlich eigene Verrichtungen zugeteilt. Auch den Priestern ist ihr eigener Platz angewiesen und den Leviten obliegen eigene Dienstleistungen; der *Laie* ist an die Vorschriften für Laien gebunden« (40, 2. 5).

Eine Fortsetzung dieser alttestamentlichen Ordnung ist im Sinne dieses Briefes die Ordnung: Christus — Apostel — Bischöfe (bzw. Älteste, Diakone) (42, 1—4). Wir sehen hier, wie unter Rückgriff auf das Alte Testament so etwas wie eine geistliche Ordnung in der Kirche entsteht, die auf Anordnungen Gottes zurückgeführt wird.

Das Wort »Laie« kommt in dem heute gebrauchten Sinne im Neuen Testament nicht vor. Es findet sich zum ersten Mal an der oben zitierten Stelle aus dem Ersten Klemensbrief. Wir brauchen in diesem Seminar nicht über die schwierigen Probleme nachzudenken, die mit der Frage nach dem kirchlichen Amt im Laufe der Kirchengeschichte und heute immer noch verbunden sind. Hier ist bis zur Stunde unter evangelischen und katholischen Christen keine volle Übereinkunft erzielt. Die charismatische Erneuerung gibt jedoch zu der Hoffnung Anlaß, daß das kirchliche Amt in Zukunft stärker als Charisma für die anderen Charismen verstanden und gelebt wird. Dies setzt allerdings voraus, daß die Ausübung der Geistesgaben auch in den Großkirchen wirklich zum Durchbruch kommt. Das kirchliche Amt kann nur dann »charismatisch« ausgeübt werden, wenn auch die übrigen Charismen geweckt sind. Deshalb wäre es in der gegenwärtigen Situation ein wichtiger Dienst des Gemeindeleiters, sich selbst seiner eigenen Geistesgaben bewußt zu werden, sie anzunehmen und dann als der Missionar seiner Gemeinde in der Kraft des Geistes die anderen Geistesgaben zu »erwecken«.

Siebter Tag: Vertraue auf das unfehlbare Angebot Gottes!

Im Seminarvortrag der fünften Woche ist gezeigt worden, daß Gott seine Nähe nicht nur durch das Wort der Verkündigung anbietet, sondern auch durch *Zeichen,* die wir mit einem Sammelnamen als »Sakramente« bezeichnen. Die Feier des Abendmahles, die Wiederholung der Worte, die Jesus nach der Überlieferung der Kirche im Abendmahlssaal gesprochen hat, ist das *unfehlbare Angebot Christi,* sich selbst an uns auszuteilen und so immer wieder neu Kirche als seinen »Leib« zu erneuern. Wir dürfen *absolut gewiß* sein, daß Christus sich in den Abendmahlsgaben uns selbst hingibt, denn er selbst hat ja durch seinen Geist diese Gaben in seinen Leib und sein Blut verwandelt. Auch das Zeichen der Taufe (der menschliche »Spender« übergißt den Täufling mit Wasser und spricht dazu die Worte: »Ich taufe Dich im Namen des Vaters und des Sohnes und des Heiligen Geistes«) ist ein solches unfehlbares Angebot Christi, denn er selbst ist es, der *durch* den menschlichen Spender tauft. Bietet Gott uns auch die Teilnahme an der Geisttaufe Jesu durch ein sakramentales Zeichen an? Katholische und evangelische Christen sind in dieser Frage nicht völlig einer Meinung, und deshalb muß dies hier auch ausgesprochen werden.

a) Das Sakrament der Firmung

Nach katholischem Verständnis ist die Handauflegung der Apostel Petrus und Johannes in Samaria der Beginn des Firm-

sakramentes. Was geschah damals? Der Diakon und »Evangelist« Philippus (vgl. Apg 21, 8) hatte in der etwa 50 km nörd-
lich von Jerusalem liegenden Hauptstadt der Samariter,
Sichem, das Evangelium verkündet und viele Menschen getauft.

»Als die Apostel in Jerusalem hörten, daß Samarien das Wort Gottes
angenommen hatte, schickten sie Petrus und Johannes zu ihnen. Diese
zogen hinab und *beteten* für sie, sie möchten den *Heiligen Geist
empfangen.* Denn er war noch auf keinen von ihnen herabgekommen.
Sie waren *nur auf den Namen des Herrn Jesus getauft.* Dann legten
sie ihnen die Hände auf, und sie empfingen den Heiligen Geist«
(Apg 8, 14—17).

Lukas spricht in seiner Apostelgeschichte nie davon, daß schon
mit der Taufe der Heilige Geist verliehen wird, wie Paulus
und Johannes (vgl. Röm 8, 2—16; Gal 3, 2. 5; Joh 3, 5). Wir
brauchen hier nicht auf die vielen Probleme einzugehen, die
sich daraus für die Fachleute der Bibelauslegung und der kirch-
lichen Lehre ergeben. Lukas legt großen Wert darauf, daß die
überall neu entstehenden Gemeinden in Verbindung mit der
Ur-Gemeinde von Jerusalem bleiben. So besucht z. B. auch
Petrus die Gläubigen in Judäa (9, 32) und wird Barnabas nach
Antiochia geschickt (11, 22). Für Lukas hat der Kreis der
Zwölf von Anfang an eine Aufgabe für alle entstehenden
Gemeinden. Der Heilige Geist ist für ihn in erster Linie die
Kraft zum Zeugnis (Apg 1, 8), und diese schenkt Gott seiner
Auffassung nach *auch* durch die Handauflegung derer, die für
den Fortgang der Missionsgeschichte verantwortlich sind. Der
»Spender« und Ursprung des Heiligen Geistes ist und bleibt
Christus selbst, aber er bedient sich dabei auch der Handauf-
legung der Apostel. Diese sind an diesem Vorgang nicht völlig
unbeteiligt, denn sie *beten* um die Herabkunft des Geistes. Der
Geist selbst aber ist nicht Gabe der Apostel, sondern die Gabe
des erhöhten Herrn!
Auch in Ephesus kommt der Heilige Geist nach der Taufe
durch die Handauflegung des Paulus auf die Menschen herab.
Zeichen dieser Fortdauer der pfingstlichen Anfangserfahrung
sind Sprachengebet und Prophetengabe (Apg 19, 5). Taufe und
Handauflegung sind hier zeitlich miteinander verbunden. In

der späteren Entwicklung in der abendländischen Kirche wurden beide Handlungen voneinander getrennt (wiewohl auch bei der Taufe eine Handauflegung mit der Bitte um die Herabkunft des Heiligen Geistes erhalten blieb). In der orthodoxen Kirche werden noch heute dem Kleinstkind Taufe, Firmung und Abendmahl in einem zusammenhängenden Vorgang gespendet.

Für den katholischen Christen ist das Sakrament der Firmung insofern wichtig und teuer, als in ihm die geschichtliche Verbundenheit mit der Anfangserfahrung der Kirche angezeigt wird: Der Priester oder Bischof, der dem Firmling die Hände auflegt, hat selbst wiederum diese Handauflegung empfangen, bis hin in die Frühzeit der Kirche. Es kommt hier nicht auf die »Kette der Handauflegungen« an, sondern auf das sich darin zeigende Bewußtsein: *Gott fängt nur einmal an* und hat seine Kirche nur einmal gegründet. Dies gilt trotz aller Sünde und Verfehlung der menschlichen »Spender« des Firmsakramentes: Das sakramentale Zeichen der Firmung gibt die absolute *Gewißheit*, daß Gott selbst die Fülle seines Heiligen Geistes anbietet, und zwar als Kraft zum Zeugnis.

So fragt denn ja auch der Bischof im neuen Firmritus die Firmlinge bei der Erfragung des Taufbekenntnisses: »Glaubt ihr an den Heiligen Geist, der Herr ist und lebendig macht, der, *wie einst den Aposteln am Pfingstfest,* so heute euch durch das *Sakrament der Firmung* in einzigartiger Weise geschenkt wird?« Ähnlich sagt das Konzil von Florenz im Jahre 1439: »In der Firmung wird der Heilige Geist gegeben zur Stärkung, *wie er den Aposteln am Pfingstfest gegeben wurde,* damit der Christ den Namen Christi tapfer *bekenne.* Deshalb wird der Firmling an der Stirn, dem Sitz von Ängstlichkeit und Scham, gesalbt, damit er nicht erröte, den Namen Jesu zu *bekennen.*« Die Handauflegung bei der Firmung deutet also an, daß der Christ in einen gleichsam »sinnlichen«, leibhaftigen Kontakt mit der Anfangserfahrung der Kirche kommt. Die Stirnsalbung ist dabei zugleich eine Enttabuisierung von falscher Angst und Innerlichkeit. Handauflegung und Stirnsalbung sind begleitet von den Worten: »*Sei besiegelt durch die Gabe Gottes, den Heiligen Geist.*« Hast Du dieses Angebot schon angenommen?

Hast Du schon einmal anderen Menschen im Gottesdienst, in Deiner Arbeitswelt Zeugnis gegeben von Deinem Glauben? Und die Freude in Dir erfahren, daß andere Menschen durch den in Dir lebendigen Heiligen Geist, durch Dein Glaubenszeugnis, zum Glauben gekommen sind?

Die Trennung von Taufe und sakramentaler Befähigung zum Zeugnis entspringt nach katholischem Verständnis nicht rein menschlichen Überlegungen. Die Gnade Gottes ist »vielfältig« (1 Petr 4, 10): Gott bezieht uns auf *sich selbst,* und damit beginnt jetzt schon unsere Auferstehung, unser ewiges Leben. Er bezieht uns aber auch *auf andere* und befähigt uns durch die Geistesgaben zum Dienst am Glauben anderer (vgl. die Zeichnungen zu Beginn der dritten Woche und am Ende des zweiten Abschnittes der vierten Woche des ersten Bandes). Beide Aspekte sind untrennbar und Ausdruck der *einen* Gnädigkeit Gottes, aber sie sind nicht in jeder Hinsicht ein und dasselbe. In den unterschiedlichen »Zeichen« von Taufe und Firmung kommt dies zum Ausdruck. Auch die evangelischen Kirchen halten an dem geschichtlichen Kontakt mit der Anfangserfahrung der Kirche fest, denn es gab keine Zeit in der Geschichte der Kirche, in welcher nicht die Botschaft von Christus verkündet und von einer Generation zur anderen überliefert wurde. In dieser Hinsicht sind katholische und evangelische Christen sich einig: In der Verkündigung der Botschaft von Christus steht die ganze Kirche durch alle Zeiten hindurch in der Nachfolge der Apostel.

b) Erinnerung an die Konfirmation (evangelisch)

Gottes Angebot ist an Dich ergangen

Es gibt offensichtlich nicht viele evangelische Christen, die sich eine lebendige und ihr Christsein bestimmende Erinnerung an ihre Konfirmation bewahren konnten. Liegt es an dem Zeitpunkt, diesem schwierigen Übergangsalter zwischen Kind- und Erwachsensein, das man »Pubertät« nennt? Liegt es an der schematischen Praxis, die trotz aller Beteuerungen, der Unterricht sei freiwillig, faktisch doch jeweils ganze Jahrgänge erfaßt? Liegt es an den Erwartungen der Eltern — der frommen wie der oberflächlichen —, die ja doch die persönlichen Fragen (und möglichen Antworten) überdecken? Liegt es am Unterricht, in dem stures Auswendiglernen keinerlei Glaubenserlebnis aufkommen läßt? Liegt es am Konfirmationsgottesdienst?

Jeder einfühlsame Pfarrer weiß, daß trotz aller volkskirchlichen Oberflächlichkeit und trotz allen jugendlichen Unmuts die Konfirmanden fast alle mit großen Erwartungen auf das Geschehen im Unterricht und Gottesdienst zugehen. Aber diese Erwartungen werden selten direkt *ausgesprochen*. Meistens sind die Jugendlichen auch kaum sprachlich imstande, das in Worte zu fassen, was sie suchen und was sie bewegt.

Erinnere Dich an Deine Konfirmation! Rufe Dir bewußt ins Gedächtnis zurück, was damals mit Dir geschah! Welche Hoffnungen hast Du Dir gemacht? Wie hättest Du Dir den Unterricht und den Gottesdienst gewünscht? Worum hättest Du beten wollen? Welche Enttäuschungen hast Du erlebt? Woran denkst Du mit Unzufriedenheit, Zorn oder Abneigung zurück?

Wenn Du so an Deine Konfirmation denkst, dann wird Dir nicht entgehen, daß das *Angebot Gottes* trotz allem da war. Wenn Menschen versagt haben oder wenn Du selbst versagt hast, dann lag das nicht an dem Angebot Gottes. Weißt Du noch, was im Konfirmationsgottesdienst zu Dir gesagt wurde? Vielleicht kennst Du Deinen »Konfirmationsspruch« — oder Du kannst ihn irgendwo nachlesen und betrachten, ob er Dir jetzt etwas sagt.

Vielleicht ist auch das Konfirmandenalter — trotz der heute früheren, auch intellektuellen Reife der Jugend — noch zu früh für eine wirkliche persönliche Erneuerung des Taufversprechens. Wahrscheinlich ist es auch noch zu früh für eine persönlich verantwortete Glaubensentscheidung — und für die Annahme der Fülle des Heiligen Geistes. Das ist zumindest damit zu begründen, daß ganz einfach ein Vierzehnjähriger fast immer Scheu haben wird vor der ganzen Tiefe dessen, worum es im Glauben geht: vor dem Kreuz Jesu, der unbegreiflichen Liebe Gottes zu den Sündern, der unbegrenzten Gnade und Verheißung, der Praxis des geistlichen Lebens unter dem Auftrag Jesu. Gerade ein Jugendlicher wird in den seltensten Fällen — weit seltener als Erwachsene! — die Botschaft Christi ablehnen, aber er ist oft noch nicht imstande, Ja zu sagen, weil ihm alles noch zu groß, zu fremd, zu gewaltig erscheint.

Frage Dich, wie das bei Dir war und wo Du jetzt stehst! Wenn vorhin gefragt wurde, ob Du Dich erinnerst, was im Konfirmationsgottesdienst zu Dir gesagt wurde, dann war noch etwas anderes als der Konfirmandenspruch gemeint. Kaum jemand weiß — und es ist auch kaum irgendwo nachzulesen —, mit welchen Worten für die Konfirmanden gebetet und mit welchen Worten der Segen über sie ausgesprochen wird. Daß der Pfarrer die Hände dabei aufgelegt hat, wird in Erinnerung geblieben sein. Diese Geste geht auf das Zeugnis des Neuen Testaments zurück, wo sie oftmals erwähnt wird: Apg 8, 14—17; Apg 19, 6; 2 Tim 1, 6; Hebr 6, 2 (wo die Handauflegung zu den Grundlagen der Glaubenslehre gezählt wird) sind nur Beispiele. Immer ist die Handauflegung mit einem besonderen Segen verbunden, der vom Geist Gottes erwartet wird: zum Zeugnis des Glaubens, zu einem Dienst in der Gemeinde, zur Heilung der Kranken oder mehr allgemein zum Empfang des Heiligen Geistes. Deshalb kann und darf die Handauflegung niemals eine wortlose Geste oder ein schweigender Ritus sein. Die Worte, die dabei gesprochen werden, sagen nicht nur — sozusagen als Information für die Betreffenden oder Umstehenden —, worum es hier geht, sondern sie sind der wichtigste Teil der Handlung, die sich in dem äußeren Zeichen ausdrückt. Gott will, daß wir ihn bitten. Und weil uns das gewiß ist, können wir unser Beten zugleich als Segen, Zuspruch und Geistmitteilung an andere Menschen aussprechen. Das geschieht — neben anderem — in den Gebeten und Segensworten, die in der Konfirmation unter Handauflegung gesprochen werden und die der Kern der Konfirmation (=»Bestärkung«) sind.

Deshalb geht es in Deiner Vorbereitung jetzt um zweierlei:

1. daß Du Dir das Geschehen Deiner Konfirmation persönlich vergegenwärtigst und es mit allem Menschlichen, was Dich bis heute in Deiner Erinnerung bestimmt, vor Gott bringst und ihm übergibst;

2. daß Du neu das Angebot Gottes entgegennimmst, das in der Konfirmation über Dir ausgesprochen wurde.

Indem die Konfirmation auf die Taufe zurückgreift, erneuert sie das reale, machtvolle Wirken Gottes, der Dich in Deiner Taufe ergriffen hat. In besonderer Weise nimmt die Konfirmation dabei die bereits bei der Taufe ausgesprochene Bitte um den Heiligen Geist auf — nicht nur als offene Bitte vor Gott, sondern auch als gewissen Zuspruch des Geistes. Vielleicht hast Du das damals überhört, oder es ist Dir nicht so recht bewußt geworden, oder Du konntest Dir nichts Konkretes darunter vorstellen. Wenn Du jetzt durch die bisherige Einübung in die christliche Grunderfahrung ein Stück weitergekommen bist, dann wird das erneute Lesen und Meditieren der Gebete und Segensworte aus dem Konfirmationsgottesdienst Dir eine Hilfe sein können zur persönlichen Vorbereitung auf die bewußt erbetene christliche Ursprungserfahrung in der Erneuerung des Geistes. Neben Konfirmationsformeln bieten wir im folgenden noch weitere Gebete um den Heiligen Geist an, durch die unser ganz persönliches Beten Hilfe bekommen kann.

Der Zuspruch des Heiligen Geistes

Zu Beginn der *Taufe* spricht der Pfarrer:
Nimm hin das Zeichen des Kreuzes an Stirn und Brust, denn du bist erlöst durch Jesus Christus, den Gekreuzigten.

Unmittelbar nach der Wassertaufe (»Ich taufe dich im Namen Gottes, des Vaters, des Sohnes und des Heiligen Geistes«) spricht der Pfarrer unter Handauflegung:
Der allmächtige Gott und Vater unseres Herrn Jesus Christus, der dich von neuem geboren hat durch Wasser und den Heiligen Geist und dir alle deine Sünden vergibt, der stärke dich mit seiner Gnade zum ewigen Leben. Friede sei mit dir.

Oder:
Der Gott aller Gnade, der dich berufen hat zu seiner ewigen Herrlichkeit in Christus, der will dich vollbereiten, stärken, kräftigen, gründen und durch den Glauben bewahren zum ewigen Leben.

Bei der *Konfirmation* betet der Pfarrer:
Allmächtiger Gott, himmlischer Vater, wir bitten dich für diese Konfirmanden: Stärke sie in der Kraft deines Heiligen Geistes zu wahrem Glauben und laß sie im Gehorsam deines Wortes bleiben, damit sie

dich als den einen wahren Gott allezeit erkennen, von Herzen lieben und vor der Welt mit Worten und Taten preisen, durch Jesus Christus, unseren Herrn.

Oder:

Herr Jesus Christus, Sohn Gottes, wir bitten dich: Stärke diese Konfirmanden mit deinem Heiligen Geist, daß sie auf dein Evangelium hören, wider den Teufel und die eigene Schwachheit streiten, den Heiligen Geist nicht betrüben, auch deiner Gemeinde kein Ärgernis geben, sondern daß ihr Leben zu deinem Lobe und zum Heile des Nächsten diene, der du mit dem Vater und dem Heiligen Geist lebest und herrschest von Ewigkeit zu Ewigkeit.

Für die eigentliche Konfirmationshandlung gibt es verschiedene Formeln:

Der Segen Gottes des Allmächtigen, des Vaters, des Sohnes und des Heiligen Geistes, komme über euch und bleibe bei euch jetzt und immerdar.

Der Gott aller Gnade, der euch berufen hat zu seiner ewigen Herrlichkeit in Christus, der wolle euch vollbereiten, stärken, kräftigen, gründen und durch den Glauben bewahren zum ewigen Leben.

Gott Vater, Sohn und Heiliger Geist gebe euch seine Gnade: Schutz und Schirm vor allem Argen, Stärke und Hilfe zu allem Guten, um des Verdienstes unseres einigen Erlösers Jesus Christus willen.

Die Formulierungen können dabei von einer Landeskirche zur anderen wechseln. In Freikirchen wird der Prediger bei Taufen und Einsegnungen meistens die Gebete frei formulieren. Was deutlich werden wird, ist die oft gleiche Formulierung bei Taufe und Konfirmation: die evangelische Konfirmation soll selbständige Annahme der Taufe sein. Daneben aber wird in besonderer Weise der Heilige Geist zugesprochen. Am deutlichsten und — wie wir meinen — am besten geschieht das mit einer Konfirmationsformel, die aus der Straßburger und der hessischen evangelischen Kirche stammt, von dem Reformator Martin Luther eingeführt und im 19. Jahrhundert von August Vilmar empfohlen wurde:

Nimm hin den Heiligen Geist:
Schutz und Schirm vor allem Argen,
Kraft und Hilfe zu allem Guten,
aus der gnädigen Hand Gottes
des Vaters, des Sohnes und des Heiligen Geistes.

Es gibt in der evangelischen Christenheit neue Ansätze zum

Verständnis der Konfirmation als vollmächtiger Geisterneuerung, die zu einem missionarischen Leben befähigen soll. Der Theologe Max Thurian aus der bekannten Kommunität von Taizé nennt in seinen Überlegungen die Konfirmation auch »Ordination der Laien« (französisch: consécration [Weihe oder Heiligung] des laics). Wir möchten seine Vorschläge zur Konfirmationshandlung zur Medidation und als ein Beispiel dafür anbieten, wie nach unserer Ansicht einmal Konfirmation und »Geisttaufe« in einer charismatisch erweckten Gemeinde (bei wenigstens etwa 16 Jahre alten Christen) aktuell in eins fallen könnten[17].

Thurian schlägt vor, die Konfirmanden zu fragen:

Wollt ihr Christus in seiner Kirche dienen:

die frohe Botschaft des Evangeliums verkündigen,

dem Herrn dienen mit eurem Lobpreis,

in der brüderlichen Liebe bleiben,

gastfrei sein und die Brüder besuchen?

Da an mehrere Konfirmanden gedacht wird, ist das Gebet für alle verhältnismäßig lang, die Konfirmationsformel für den einzelnen dann entsprechend kurz:

Ewiger, allmächtiger Gott, du hast gewollt, daß deine Knechte geboren werden aus der Höhe, durch Wasser und Geist, und hast ihnen alle ihre Sünden vergeben. Gib ihnen jetzt die geistliche Gabe, die sie stärkt und festigt im Glauben: Sende von der Höhe des Himmels deinen Heiligen Geist auf sie herab, der uns erleuchtet. Lehre sie durch seine Salbung und gewähre ihnen alle seine Gaben: den Geist der Weisheit und des Verstandes, den Geist des Rates und der Stärke, den Geist der Erkenntnis und der Furcht des Herrn. Heilige sie in deiner Wahrheit. Dein Wort ist die Wahrheit. Erwecke sie zum Zeugnis und mache sie fähig zum lebendigen Dienst, denn sie gehören zu dem auserwählten Geschlecht, dem königlichen Priestertum, zum heiligen Volk, zum Volk des Eigentums, zu verkündigen deine Taten, Herr. Denn du hast sie berufen aus der Finsternis zu deinem wunderbaren Licht, zu Jesus Christus, deinem Sohn, unserem Herrn und Gott, der mit Dir, allmächtiger Vater, und dem Heiligen Geist lebt und herrscht von Ewigkeit zu Ewigkeit.

Die Konfirmanden treten einzeln vor den Altar und knien nieder. Zur Handauflegung wird gesprochen:

Die Gabe des Heiligen Geistes: Kraft, Licht, Heiligung.

Oder:

Empfange den Heiligen Geist des Lichtes und der Wahrheit,
das königliche und prophetische Priestertum,
den Namen des Herrn,
das Kreuz Christi,
das Siegel des Geistes,
auf daß du eingehest in das Reich Gottes,
ins ewige Leben.

Pfingstliche Lieder und Gebete

Ein besonderer Schatz unseres Gesangbuches sind die Hymnen
und Choräle für die Pfingstzeit, die — oftmals aus altkirchlichen Gesängen übersetzt — um den Geist Gottes für den
einzelnen und die Kirche bitten. Im Evangelischen Kirchen-
gesangbuch sind es vor allem die Lieder 97 bis 108 sowie 124
und 216, die jeder nachschlagen kann. So heißt es zum Beispiel
in Lied 108:

O komm, du Geist der Wahrheit,
und kehre bei uns ein,
verbreite Licht und Klarheit,
verbanne Trug und Schein.
Gieß aus dein heilig Feuer,
rühr Herz und Lippen an,
daß jeglicher Getreuer
den Herrn bekennen kann.
Du Heil'ger Geist, bereite
ein Pfingstfest nah und fern;
mit deiner Kraft begleite
das Zeugnis von dem Herrn.
O öffne du die Herzen
der Welt — und uns den Mund,
daß wir in Freud und Schmerzen
das Heil ihr machen kund.

Ein meditatives Gebet, das zur wiederholten Betrachtung geeignet sein kann, schließt an die Verheißung in Jes 11, 2 an,
die die Geistfülle des künftigen Messias beschreibt. Wir wissen,
daß durch die Geisterfahrung Jesu uns allen diese Zusage gilt.

O Gott, laß das *Feuer deines Geistes*
herabfallen auf die Erde;

siebenfach durchglühe deine Gemeinde,
so wie siebenfach dein Geist ruhte
auf dem, den du gesandt hast und gesalbt: deinem Christus.

Dein Geist erfülle uns:
Atem aus der Ewigkeit,
der im Anfang der Welt schwebte über der Urflut,
der Leben einhaucht dem toten Gebein,
der Botschaft wurde im Wort der Propheten
und Lobgesang in den Liedern derer, die du erwählt hast.

Geist der *Weisheit*, erfülle uns:
still glühende Flamme,
die uns wärme das Herz,
daß wir Geduld lernen und Klugheit.

Geist des *Verstandes*, erfülle uns:
tief eindringender Strahl,
der uns unterscheiden lehrt Großes und Kleines,
daß wir zu wählen vermögen, was recht ist.

Geist des *Rates*, erfülle uns:
nie erlöschendes Licht,
das uns willig mache und fähig,
zu anderen freundlich zu sprechen und ihnen zu helfen.

Geist der *Stärke*, erfülle uns:
hell aufloderndes Feuer,
das uns ausrüste mit Kraft aus der Höhe,
daß wir Liebe ausstrahlen und Böses überwinden.

Geist der *Erkenntnis*, erfülle uns:
klar leuchtender Schein,
der uns aufschließt die Geheimnisse Gottes,
daß wir sein Heil verkünden und ihn preisen.

Geist der *Gottesfurcht*, erfülle uns:
Sturmwind in unseren Herzen,
der uns anbeten lehrt und staunen,
daß wir demütig werden und Gottes Kinder bleiben.

Sechste Woche: Geistesgaben

Erster und zweiter Tag: Ökumenisches Beten

Geistesgaben werden immer verliehen zum Dienst in und an der ganzen Kirche. Deshalb sehen sich die jetzt noch getrennten Kirchen und kirchlichen Gemeinschaften in Frage gestellt, wenn sie bemerken, daß der Heilige Geist auch außerhalb ihrer umgrenzten Gemeinschaft seine Gaben austeilt. So anerkennt auch das II. Vatikanische Konzil im Dekret über den Ökumenismus, »daß einige, ja sogar viele und bedeutende Elemente oder Güter, aus denen insgesamt die Kirche erbaut ist und ihr Leben gewinnt, auch außerhalb der sichtbaren Grenzen der katholischen Kirche existieren können: das geschriebene Wort Gottes, das Leben der Gnade, Glaube, Hoffnung und Liebe und andere innere Gaben des Heiligen Geistes und sichtbare Elemente« (Art. 3, 2). Wegen der Spaltungen der Christen werde es der katholischen Kirche schwierig, »die Fülle der Katholizität unter jedem Aspekt in der Wirklichkeit des Lebens auszuprägen« (Art. 4, 10). Deshalb kann »alles, was von der Gnade des Heiligen Geistes in den Herzen der getrennten Brüder gewirkt wird, auch zu unserer eigenen Auferbauung beitragen« (Art. 4, 9).

Infolge der Spaltungen haben die getrennten Kirchen und kirchlichen Gemeinschaften einzelne Geistesgaben überbetont, und dies hat dann zu einer weiteren Verfestigung der Spaltung geführt. Die charismatische Erneuerung hat in sich die Kraft, diese Verfestigungen aufzubrechen und den Blick für die Geistesgaben in den anderen Kirchen und kirchlichen Gemeinschaften zu schärfen. In einem »geistlichen« Ökumenismus werden deshalb alle Kirchen zum Eingeständnis ihrer jeweiligen Einseitigkeit geführt und offen für eine — unter Umständen kritische — Übernahme der Geisterfahrungen, die in anderen Kirchen lebendig sind (vgl. die ökumenischen Thesen und Grundsätze im Anhang des ersten Bandes dieser »Einübung«).

Es ist nun sicherlich wichtig und notwendig, daß Gebetsgruppen innerhalb der *bestehenden Ortsgemeinden* und jeweiligen Kirchen entstehen. Jede Kirche muß ja ihre eigene, geprägte Geisterfahrung mit einbringen in eine erhoffte, wiederversöhnte Christenheit. Der Geist Christi war ja auch in der *Geschichte* wirksam, auch noch in den getrennten geistlichen Traditionen. Es wäre geradezu eine »Sünde gegen den Heiligen Geist«, dies nicht anzuerkennen. Wir können aus Ehrfurcht vor dem Wirken des Heiligen Geistes in der Geschichte (trotz aller Sünde und Schuld) nicht einfach in die Situation der Urkirche hinein zurückspringen und ganz von vorn anfangen. Deshalb muß die charismatische Erneuerung auch lutherisch, reformiert, orthodox, katholisch usw. werden, bevor sie wahrhaft ökumenisch sein kann.

Die Übernahme der Geisterfahrungen aus den jeweils anderen Kirchen ist jedoch nicht möglich, wenn nicht zugleich auch in *ökumenischen* Gebetsgottesdiensten diese nicht nur unterschiedenen, sondern bisher auch noch getrennten Geistesgaben zueinander in ein Verhältnis treten. Dies setzt allerdings voraus, daß jeder in seiner eigenen geistlichen Tradition fest verwurzelt bleibt. Die Erfahrung zeigt, daß jeder, der sich von Christus mit Heiligem Geist hat taufen lassen, auch ein neues Verhältnis zu *seiner* Kirche gewinnt. *Der Heilige Geist eint die getrennten Kirchen, ohne sein eigenes Werk in ihnen zu verleugnen.* Gebetsgottesdienste unter Christen verschiedener geistlicher Tradition führen deshalb oft auch zu einer tiefen Erfahrung der menschlichen Schuld der Trennung. Sie betrifft zwar nicht jeden einzelnen Christen, der in solchen Gottesdiensten anwesend ist, aber jeder von uns ist ja auch mitgeprägt von der

Schuld anderer. Wir bitten Gott nicht nur um die Heilung der Wunden, die jeden von uns persönlich Gott gegenüber mißtrauisch gemacht haben (vgl. das Gebet um Heilung am Schluß der dritten Woche), sondern wir bitten Gott auch um die Heilung der *Erbschuld der Spaltung* der Christenheit. Ökumenischen Gebetsgottesdiensten wird oft eine besondere Tiefe geschenkt, wenn die Anwesenden Gott um Heilung dieser Erbschuld bitten!

Kirchen und kirchliche Gemeinschaften sind jeweils ein soziales Gefüge, das ein kirchliches Wir-Bewußtsein mit sich bringt. Eine aus menschlichen Impulsen kommende Wir-Betonung ist jedoch ebenso ungeistlich wie eine aus den persönlichen Impulsen kommende Ich-Betonung in der Gebetsversammlung. Was Paulus von den Spaltungen innerhalb der Gemeinde von Korinth sagt, gilt deshalb in übertragenem Sinne auch von den Spaltungen der Christenheit:

»Seid alle einmütig und *duldet keine Spaltungen unter euch;* seid ganz eines Herzens und eines Sinnes. Es wurde mir nämlich, meine Brüder, berichtet, daß es Zank und Streit unter euch gibt. Ich meine damit, daß jeder von euch etwas anderes sagt: *Ich* halte zu Paulus — *ich* zu Apollos — *ich* zu Kefas — *ich* zu Christus. Ist denn der Christus zerteilt?« (1 Kor 1, 10—13).

»Ihr seid immer noch diesseitig eingestellt. Oder seid ihr keine Diesseitsmenschen, handelt ihr nicht recht *menschlich,* wenn Eifersucht und Streit unter euch herrschen? Denn wenn einer sagt: *Ich* halte zu Paulus, ein anderer: *Ich* zu Apollos, seid ihr da nicht Menschen?« (1 Kor 3, 3 f).

Was bedeutet dies für ökumenische Gebetsgottesdienste? Nehmen wir zunächst an, jeder Teilnehmer sei von der Spiritualität seiner jeweiligen Kirche geprägt. Der Lutheraner wird in einen solchen Gottesdienst die Erfahrung von Anfechtung und Trost einbringen, der orthodoxe Christ die Erfahrung der Gegenwart des Heiligen Geistes in der Liturgie, der Quäker die Meditation, das Hören auf das innere Licht, das jeden Menschen erleuchtet. Ein katholischer Christ die Erfahrung der Einheit, die immer noch größer ist als die noch so große Verschiedenheit in der Kirche, die Erfahrung geistgewirkter Kontinuität, Korrektur und Ordnung, der Baptist den Entscheidungscharakter des Christentums, die Mitglieder der Pfingstkirchen die Sprachengabe usw. Natürlich wird jeder sich zunächst dagegen wehren, auf eine bestimmte Ausprägung des geistlichen Lebens festgelegt zu werden, denn keine Kirche will ja bewußt und ausdrücklich nur einen Ausschnitt aus dem Ganzen des christlichen Lebens verwirklichen. Es wäre aber ein Dienst an der Wiederversöhnung der getrennten Kirchen, wenn jeder Christ ganz bewußt auch seine eigene spirituelle Tradition in einem solchen ökumenischen Gebetsgottesdienst zum Ausdruck bringt, damit die getrennten Geistesgaben zur Harmonie des einen Leibes Christi zusammenwachsen können.

Allerdings stehen viele Christen heute nicht mehr in der Tradition ihrer Kirche, sie lehnen sie zum Teil ab. Wenn sie dann in einem Gebetsgottesdienst eine bis dahin nicht gekannte, tiefe geistliche Gemeinsamkeit mit Christen aus anderen Kirchen erfahren, entsteht leicht der Eindruck, daß man alle Tradition hinter sich lassen könne. Dies würde aber auf die Dauer zu einer »Überkirche« führen oder gar zu einer neuen »überkonfessionellen« Kirche. Der größere Teil der Christenheit hätte davon »keinen Nutzen« (vgl. 1 Kor 14, 17), und die Geistesgaben würden dann mehr um ihrer selbst willen als im Dienst an der Kirche ausgeübt.

Von daher wird für eine geistlich lebendige ökumenische Gebetsgruppe auch der Schmerz erträglich, das Abendmahl noch nicht gemeinsam feiern zu können. Die charismatische Erneuerung bewegt sich zunächst im Vorfeld der vollen Abendmahlsgemeinschaft und der erwarteten Einheit. Nach ältester Tradition sind Taufe und Geistempfang *Voraussetzung* für den Empfang des Abendmahles. Gemeinsames Abendmahl ohne vorangegangene gemeinsame Geisterneuerung kann deshalb nicht zur vollen Einheit führen. Das Erleiden der Spaltung und die Hoffnung auf die Zukunft hin in der Kraft der Geist erneuerung ist deshalb durchaus ein tiefer, *geistlicher* Vorgang Die Erfahrung der Gemeinsamkeit in dem *einen* Heiligen Geiste befähigt charismatisch-ökumenische Gebetsgruppen dazu, die »Todestaufe« auf sich zu nehmen. Wenn deutlich gesagt ist, daß eine Einladung zum Abendmahl nicht ergehen kann, braucht man jedoch nach allgemeiner Praxis einzelne, die dendoch die Eucharistie empfangen möchten, nicht zurückzuweisen.

Dritter Tag: Wenn ich die Liebe nicht hätte

Es ist kein Zufall, daß das »Hohelied der Liebe« zwischen dem
12. und 14. Kapitel des ersten Korintherbriefes steht: Die Liebe
ist nicht ein Charisma unter anderen Charismen, sondern der
bleibende Ursprung aller Charismen. Die Liebe ist tiefer als
alle bloße Absicht, tiefer als alles Gefühl, denn sie ist die
durch mich hindurchgehende Liebe Gottes zu den anderen
Menschen, damit aber zugleich die Liebe Christi zu ihnen. Im
Nachtrag zum Johannesevangelium steht der bekannte Text:
»Als sie gegessen hatten, sagte Jesus zu Simon Petrus: Simon, Sohn
des Johannes, liebst du mich mehr, als diese mich lieben? Er antwortete ihm: Ja, Herr, du weißt, daß ich dich liebe. Jesus sagte zu
ihm: Weide meine Lämmer!« (Joh 21, 15).
Jesus stellt diese Frage dreimal an Petrus und fordert ihn dreimal auf: Liebe die Menschen so, wie ich sie liebe, wenn du
mich lieben willst! Dieses Wort gilt nicht nur dem Petrus als
dem »Hirten«, sondern:
»*Jeder* von uns soll für den Nächsten leben, um Gutes zu tun und
die Gemeinde aufzubauen. Denn auch Christus hat nicht für sich
selbst gelebt. Ich bin fest davon überzeugt, daß ihr den Willen habt,
das Gute zu tun, daß ihr reiche Erkenntnis besitzt und selbst imstande seid, einander zurechtzuweisen« (Röm 15, 2 f. 14).
Christus hat an jedem von uns ein ganz persönliches Interesse,
und mit diesem sollen wir uns identifizieren. Wenn wir also im
Gottesdienst einen prophetischen Beitrag geben, dann soll darin
das *Interesse Christi an den anderen,* seine sich selbst weg-
gebende Liebe, zum Ausdruck kommen. Wenn wir um Heilung
bitten, dann sollen wir den anderen Menschen mit derselben
Liebe lieben, mit der auch Jesus Christus die Menschen ange-
blickt und geheilt hat. Wenn wir die anderen mit unseren
Geistesgaben *beeindrucken* wollen, dann hinterlassen wir nicht
den Eindruck Christi, sondern eben den Eindruck von unserer
Person. Wenn unser Zeugnis den anderen demütigt, ihn be-
schämt, ihn »überfährt«, wenn es aggressiv ist, dann kommt es
mehr aus einem geistlichen Überlegenheitsgefühl als aus der
Liebe Christi, dann *mißbrauchen* wir die Geistesgaben, um uns
auf diese Weise Anerkennung und Geltung zu verschaffen.
Die hier gemeinte Liebe hat nichts mit Gefühlsduselei und

Schwärmerei zu tun. Sie ist in allererster Linie *Liebe zur ganzen Kirche*, zu ihrer Einheit und ihrer Ordnung. Durch sie wirst Du geführt, »wohin du nicht willst« (Joh 21, 18), denn sie geht durch die Todestaufe hindurch, sie sucht sich nicht um ihrer selbst willen. Vielleicht hat der Geist Gottes Dich am Ende der sechsten Woche zu einer solchen Liebe geführt?!

Vierter Tag: Großes hat an mir getan der Mächtige

Das Neue Testament weist uns immer wieder darauf hin, daß wir die Geistesgaben nicht planen, wollen, mit eigener Anstrengung erstreben, sondern nur *annehmen* können. Von daher gewinnt die Gestalt Mariens für die charismatische Erneuerung eine zentrale Bedeutung. Sie ist das Urbild des Menschen, der glaubend an sich geschehen läßt, was der Herr ihr verheißen hat (Lk 1, 38. 45). Die Verkündigungsszene hat den Charakter der Geisttaufe: »Heiliger Geist wird über dich kommen, und die Kraft des Höchsten wird dich überschatten« (Lk 1, 35), und deshalb ist es kein Zufall, daß Lukas die anschließende Begegnung zwischen Elisabet und Maria nach Art eines charismatischen Gottesdienstes beschreibt:

»Als Elisabet den Gruß Marias hörte, bewegte sich das Kind in ihrem Leibe. Da wurde Elisabet *von Heiligen Geist erfüllt* und rief *mit lauter Stimme:* Gesegnet bist du vor allen Frauen, und gesegnet ist die Frucht deines Leibes. Wer bin ich, daß die Mutter meines Herrn zu mir kommt? Wohl der, die *geglaubt* hat, daß sich erfüllt, was der Herr ihr sagen ließ. Da sagte Maria: Meine Seele *preist die Größe des Herrn,* und mein Geist jubelt über Gott meinen Retter« (Lk 1, 41—43. 45—47).

Diese Erzählung will andeuten, daß das Verhältnis des Täufers Johannes zu Jesus schon von Anfang an von Gott vorherbestimmt war. Zugleich trägt die ganze Erzählung charismatisch-pfingstliche Züge: Der Gruß Marias und das Zeichen in ihrem Leibe lösen bei Elisabet eine tiefe geistliche Erschütterung aus, denn sie wird *von Heiligem Geist erfüllt* und ruft *mit lauter Stimme*: »Gesegnet bist du vor allen Frauen, und gesegnet ist die Frucht deines Leibes«. Dieser Lobpreis ist bei Lukas das erste charismatische Christusbekenntnis! Er ist in mehrfacher

Hinsicht sehr persönlich: Elisabet spricht lobpreisend von dem persönlichen, »intimen« Geschehen in ihrem Leibe (das Kind bewegt sich), und sie äußert ihren Glauben an »ihren« Herrn, der ihr in Maria begegnet. Schon von Elisabet gilt also das, was Lukas zu Beginn seiner Apostelgeschichte mit den Worten umschreibt: »Ihr werdet mit Heiligem Geist getauft werden und meine Zeugen sein« (1, 5. 8).

In ihrem freudigen Zeugnis spricht Elisabet zugleich den Glauben Mariens an: »Wohl der, die *geglaubt hat*.« Der Glaube der Elisabet ist *Dienst am Glauben Mariens,* die ja wie alle anderen Menschen den »Pilgerweg des Glaubens« gegangen ist (II. Vatikanisches Konzil, Konstitution über die Kirche, Artikel 58). Der Glaube Mariens ist *mitgetragen* von dem Glauben der Elisabet, und das berühmte Magnifikat ist eine Glaubens*antwort* auf den Glauben der Elisabet: *ein Charisma weckt das andere,* ein glaubender Lobpreis den anderen!

Maria bezeugt nun ihrerseits Elisabet gegenüber ihren Glauben in Form des Lobpreises. Sie antwortet Elisabet nicht direkt, sondern steht in ihrem Lobgesang einsam vor Gott, aber er erhält, da er laut ausgesprochen wird, den Charakter der Verkündigung und hat so dieselbe Grundstruktur wie das pfingstliche Sprachereignis (Apg 2, 4. 11). Auch Maria äußert ihren Glauben auf sehr persönliche Weise: »Der Mächtige hat Großes *an mir* getan.« Elisabet und Maria dienen auf diese Weise *einander* als »gute Verwalter der vielfältigen Gnade Gottes« (1 Petr 4, 10), jede mit der Gabe, die sie empfangen hat. Hier wird exemplarisch deutlich, was »gemeinsames Priestertum« aller Gläubigen ist!

Die Charismatische Erneuerung entdeckt aber auch noch andere, kaum beachtete Seiten an der Gestalt Mariens. Die christliche Grunderfahrung und damit auch das gemeinsame Priestertum aller Gläubigen beginnt mit der *Annahme des eigenen Todes.* Die von Jesus ausgewählten Apostel waren dazu offenbar beim Tode Jesu noch nicht fähig: Bei seiner Verhaftung sind sie geflohen (Mt 26, 56; Mk 10, 50), und auch unter dem Kreuz waren sie nicht anwesend. Die drei ersten Evangelien sprechen nur davon, daß einige Frauen Jesus bis in seine

Todesstunde hinein begleitet haben (Mk 15, 40; Lk 23, 49; Mt 27, 55 f). Dem Bericht des Johannes zufolge war unter ihnen auch die Mutter Jesu (19, 25). Wie auch immer die geschichtlichen Ereignisse gewesen sein mögen: Im Sinne des Johannes repräsentiert Maria unter dem Kreuze den Teil des jüdischen Volkes, der für das von Christus verkündete Heil empfänglich war (dies ist die am meisten verbreitete Auskunft der Fachleute für die Auslegung des Neuen Testamentes). Dies bedeutet dann aber auch: Maria hat den Tod ihres Sohnes innerlich mitvollzogen und bejaht als den alle Menschen er-lösenden Heilstod, und diese ihre »Todestaufe« schließt die Annahme ihres eigenen leiblichen Todes ein!

Wir haben früher schon gesagt, daß sich in den Aposteln zwi-schen Ostern und Pfingsten ebenfalls eine solche Lebenswende vollzogen hat, in welcher sie ihren eigenen Tod im voraus an-genommen haben. Wenn es zutrifft, daß die Zwölf nicht unter dem Kreuz anwesend waren, dann hat Maria diese Lebens-wende der Apostel durch die Annahme ihres eigenen Todes *mitgetragen*. Dies war ihr charismatischer Dienst in und an der beginnenden Kirche: das *gemeinsame* Priestertum aller Gläu-bigen trägt das Apostelamt! Hinsichtlich der Annahme des eigenen Todes ist von daher Kirche auch die geschichtliche Fortdauer der Geisterfahrung *Mariens*.

Fünfter Tag: Strebt nach der Prophetengabe!

Die Kirche ist von ihrem Ursprung in Jesus Christus her pro-phetisch. Das Wort »Prophet« bedeutet: »Verkünder« oder »Berufener«. In einem weitesten Sinne sind alle Christen dazu berufen, die Großtaten Gottes zu verkünden« (1 Petr 2, 9; vgl. Apg 2, 11). Auch Maria war das Charisma der Prophetie gegeben: »Was er euch sagt, das tut!« (Joh 2, 5). Der Prophet baut auf, ermahnt, tröstet (1 Kor 14, 3). In den Darlegungen der sechsten Woche des ersten Teiles dieser »Einübung« ist dazu einiges gesagt worden. An dieser Stelle seien Ergänzun-gen hinsichtlich der Ausübung dieser Gabe beigefügt.

Alles Reden und Tun des Christen in Kirche und Gesellschaft

hat einen prophetischen Charakter. Einigen aber ist die Prophetengabe in besonderer Weise gegeben, nicht jeder kann sie in der Öffentlichkeit des Gottesdienstes ausüben (1 Kor 12, 29). Alle aber sollten dankbar annehmen und prüfen, was in diesem Vorgang geschieht. Ein prophetisches Wort betrifft und beansprucht diejenigen, die es hören, nicht weniger, als denjenigen, durch den Gott handeln will. Es kann aber auch sein, daß die ganze Versammlung prophetisch einem einzelnen ins Gewissen redet, wie an folgendem Text deutlich wird:

»Wenn alle prophetisch reden und ein Ungläubiger oder Unkundiger kommt herein, dann wird ihm von allen ins Gewissen geredet, und er wird von allen ins Verhör genommen; was in seinem Herzen verborgen ist, wird aufgedeckt. Und so wird er auf sein Gesicht niederfallen, Gott anbeten und ausrufen: *Wahrhaftig, Gott ist unter euch*« (1 Kor 14, 24 f).

Durch die Prophetengabe ruft Gott zur Umkehr, deckt den Widerstand gegen ihn auf, durch sie ergeht sein Zuspruch (1 Kor 14, 3). Auf diese Weise sammelt Gott immer aufs neue sein Volk, geschieht Versammlung, wird Kirche als Versammlung offenbar. Öffne deshalb auch Du Dich für diese Gabe, denn sie ist von Gott selbst in der Gemeinde »eingesetzt« (1 Kor 12, 28). Wir können zwei Gründe für die besondere Wichtigkeit dieser Gnadengabe angeben:

1. Wenn Du Dich Gott zu einem prophetischen Wort zur Verfügung stellst, dann gibst Du damit zugleich den Anwesenden Gelegenheit, sich in ihrer Gesamtheit, eben als Versammlung, auf Gott hin auszurichten. Alle hören jetzt gemeinsam diesen Anruf und prüfen ihn. Alle sind gemeinsam sehr persönlich engagiert durch das Zuhören und die damit entstehende Frage: Ist jetzt Gott wirklich anwesend in diesem Wort? Nach einem von allen angenommenen prophetischen Beitrag entsteht in der Versammlung eine sehr dichte, fast atemlose Stille. Alle sind auf eine sehr intensive Weise gesammelt und versammelt: Gott will unter uns sein, ja, er *ist* zwischen uns anwesend.

2. Wenn Du selbst einen prophetischen Beitrag hörst und ihn als Wort Gottes an Dich, an die Versammlung, an die Kirche annehmen kannst, dann *erfährst* Du die Anwesenheit Gottes intensiver im Vergleich zu Situationen, in denen Du allein bist

oder Dir lediglich Gedanken über Gott machst. Um ein Beispiel zu nennen: In der Bibel steht häufig der Satz: »Ich bin mit dir.« Wenn Du ihn *liest* und ihn auf Deine augenblickliche Lebenssituation beziehst, dann kann Gott Dich durch ein solches Wort durchaus unmittelbar ansprechen und zur Umkehr rufen. Wenn aber ein *anderer* Dir im Gottesdienst ein solches Wort zusagt, dann *hörst* Du es auch, dann wird es sinnlich, leibhaftig und ganz konkret. Wir haben schon oft gesagt, daß die Erfahrung der Anwesenheit Gottes mit Sehen und Hören beginnt, mit Worten und Vorgängen also, die *von außen her* auf uns zukommen. Wenn ein anderer Dir dieses Wort zusagt, dann schwingt dabei auch der Glaube des anderen mit, seine Überzeugung, daß Gott wirklich mit Dir ist, und dies bestärkt Dich darin, dieses Wort anzunehmen. Der Anruf Gottes: »Ich bin mit dir« enthält für uns keine umwälzende Neuigkeit, aber wenn er Dir oder der Versammlung hörbar zugesprochen wird, dann enthält er eine Dynamik, die eben nicht nur aus dem Menschen kommt, der ihn zuspricht, sondern aus der Kraft des Heiligen Geistes, der die Dynamik Gottes selbst ist. Jedem von uns gilt das Wort an Maria: »Heiliger Geist wird über dich kommen und die Kraft des Höchsten wird dich überschatten« (Lk 1, 35), aber wir können es uns nicht selbst zusprechen. Wenn wir diesen Satz laut zu uns selbst sagten, hätten wir das Gefühl, daß wir uns selbst etwas vormachten. Wenn er aber von *außerhalb* unserer selbst in uns eindringt, dann überwindet er zugleich unseren inneren Widerstand, Gott zu vertrauen! In einer echten, von Gott her kommenden Prophetie handelt Gott selbst an Dir!

Öffne Dich also trotz aller berechtigter Bedenken auch dieser Gnadengabe! Sage nicht: Ich bin doch zu jung, zu alt, ich bin zu einem solchen Dienst nicht fähig und würdig. Auch Dir gilt das Wort, das dem Propheten Jeremias gesagt wurde, als er sich gegen seinen prophetischen Auftrag wehrte: »Wohin ich dich sende, sollst du gehen, und was ich dir auftrage, sollst du verkünden« (Jer 1, 7). Für den Anfang ist folgendes zu raten: Lies viel in den Evangelien und merke Dir die Worte Jesu, die dort aufgezeichnet sind. Der Heilige Geist wird Dich im Gebetsgottesdienst an sie erinnern und Dir zeigen, wann

Du sie »an Christi Statt« in die Versammlung hineinsprechen sollst. Alles geschehe so, daß es aufbaut! Du wirst dann weiter in die Prophetengaben hineinwachsen, wenn Du Dich vom Geiste Gottes führen läßt!

Sechster Tag: Laßt in eurer Mitte Lieder erklingen, wie der Geist sie eingibt!

In den Darlegungen der sechsten Woche haben wir einiges zum Sprachengebet gesagt (3) und fügen hier einige Ergänzungen zur praktischen Ausübung bei. Das Sprachengebet ist eine Form der *Anbetung, in welcher das Geheimnis Gottes selbst in unsere Sprache eingeht*: Es ist das Aussprechen des Unaussprechlichen, eine Anbetung Gottes um seiner selbst willen, weil er Gott ist. Wie sollen wir das Geheimnis Gottes anbeten, wenn es unerkennbar und unaussprechlich bleibt? Wir können Gott loben wegen seiner Schöpfung und dann alle Geschöpfe und Dinge aufzählen, die er geschaffen hat. Dabei sprechen wir *Inhalte* aus, die jeder verstehen kann. Der Sonnengesang des Franziskus ist eines der schönsten Loblieder dieser Art: Sei gepriesen für Sonne, Mond und Sterne, für Meer und Kontinente, für Licht und Dunkel, für Tage und Nächte, für die Quellen, die Felder und die Berge, für den Morgen und für die Tiere! Wenn wir aber Gott anbeten, *weil er Gott ist*, dann können wir nur ausrufen: Wir loben *dich*, wir preisen *dich*, wir beten *dich* an! Dieses Du-sagen zu Gott hat keinen besonderen Inhalt mehr, denn wir können uns dieses Du Gottes nicht im eigentlichen Sinne vorstellen: Keines unserer menschlichen Worte, auch nicht die Worte »Gott«, »Vater«, »heilig« usw. können das Geheimnis Gottes umfassen und begreifen. Sie bleiben unsere menschlichen Worte, gefüllt mit unseren menschlichen Erfahrungen. Die Bibel selbst »überträgt« solche Vorstellungen auf Gott, aber wer und wie Gott in sich selbst ist, bleibt unerkennbares und unaussprechliches Geheimnis. Wenn wir damit beginnen, die »Eigenschaften« Gottes aufzuzählen (denn du allein bist der Heilige, du allein der Herr, du allein der Höchste), dann füllen wir das Du-Sagen zu Gott wieder mit bestimmten

»Inhalten«. In der Ausübung des Sprachengebetes aber nehmen wir die Unaussprechlichkeit Gottes ganz ernst. Deshalb ist dieses Gebet eine wesentliche Bereicherung und für viele das Tor zur Anbetung Gottes um seiner selbst willen.

Wir haben im ersten Teil (sechste Woche, 3.) auf einige Vorstufen dieser Gebetsweise aufmerksam gemacht. Paulus weist ausdrücklich darauf hin, daß Gott »verschiedene Arten des Sprachengebetes« eingesetzt hat (1 Kor 12, 28). Eine dieser Formen ist sicherlich die Anrufung »Abba, Vater« (Röm 8, 15; Gal 4, 6). Ihre häufige Wiederholung hat für den »Verstand« keinen Sinn (1 Kor 14, 11. 14): Ich teile nicht anderen etwas mit, sondern sage mich selbst aus auf das unaussprechliche Du Gottes hin. In *diesem* Sinne ist das Sprachengebet ein »Stammeln«.

Wenn der Geist Gottes Dich früher schon oder in den letzten Wochen zu ersten oder neuen Schritten des Glaubens geführt hat, dann könntest Du jetzt — auch ohne die Mithilfe anderer — Gott um diese Gabe bitten. Sie ist zunächst ein natürliches Geschehen, denn jeder Mensch hat seit seiner Geburt das Urvermögen, überhaupt zu sprechen, und dieses wird beim kleinen Kind in seine Muttersprache hineingeformt. Im Sprachengebet kommt es wieder ungeformt aus den Tiefen unseres Daseins hervor und wird dabei zugleich zum *Ausdruck unseres Glaubens*. Ohne den sehr persönlichen Schritt des Glaubens bleibt das Sprachengebet ein psychisches Ereignis wie viele andere. Erinnere Dich zunächst daran, daß Gott diese Gabe wirklich »eingesetzt« und damit auch Dir verheißen hat (1 Kor 12, 28). Nicht jeder kann und soll diese Gabe in der Öffentlichkeit der Gemeinde ausüben (V. 29), aber jedem wird sie in der Einsamkeit des privaten Gebetes geschenkt, wenn er Gott darum bittet. Sei davon überzeugt, daß Gott diese Gabe auch Dir anbietet. Du *mußt* dieses Geschenk nicht annehmen, ebensowenig, wie Du an Deinem Geburtstag Geschenke annehmen *mußt*. Vielleicht wird sie Dir auch viel später geschenkt, nach der ersten Geisterneuerung.

Wenn Du bereit bist, diese Gabe anzunehmen, dann bete eine Weile zunächst mit Deinen eigenen Worten: Bittet und ihr werdet empfangen! Gott will Dich teilnehmen lassen an seinem

Geheimnis, sein Geist befreit Dich dazu, alle Vorstellungen und Bilder von Gott hinter Dir zu lassen und nur auf dieses unsagbare Du zuzugehen. Beginne in der Haltung tiefer Auslieferung und Anbetung mit ein paar Vokalen, die Dir gerade in den Sinn kommen und füge einige Konsonanten bei, ohne darauf zu achten, was Du da aussprichst. Für viele ist die erste Erfahrung demütigend und man erschrickt über die Laute, die man da von sich gibt. Vielleicht sind es im Anfang nur Wortfetzen, und manche haben das Gefühl, sich selbst etwas vorzumachen. Man kann das sprachlose Sprechen der Anbetung aber nicht »machen«, denn man muß sich selbst ganz loslassen. Anderenfalls produziert man nichts als eine sinnlose Kunstsprache.

Bei vielen entwickelt sich das Sprachengebet im Laufe der Zeit, es erhält Melodie und Rhythmus und fließt wie ein innerer Brunnen, der verschüttet war, der nun aber zu einer lebendigen Quelle der Anbetung und der Freude an Gott wird: »Wer an mich glaubt, dem gilt, was die Schrift gesagt hat: Aus seinem Innern werden Ströme von lebendigem Wasser hervorfließen. Dies sagte er von dem Geist, den alle empfangen sollten, die an ihn glauben« (Joh 7, 38 f). Das Sprachengebet ist ein Vorgang, in welchem der im Glauben empfangene Geist wieder aus uns herausströmt!

Paulus wünscht den Korinthern, daß sie alle in Sprachen beten, aber er gibt die sehr präzise Anweisung, daß das Sprachengebet *einzelner* nur zwei- oder dreimal im Gottesdienst vorkommen solle. Vor der Gemeinde will er lieber fünf Worte mit Verstand reden, um auch andere zu unterweisen, als zehntausend Worte in der Form des Sprachengebetes (1 Kor 14, 19). Wenn aber andererseits dem Sprachengebet bei der Erfahrung des göttlichen Geheimnisses eine hohe Bedeutung zukommt (1 Kor 14, 2. 28), dann gilt auch umgekehrt: Um fünf Worte in der Versammlung mit Verstand zu reden, die aufwecken, überführen, aufbauen, ermahnen, in denen die Kraft des Geistes lebendig ist, muß ich vielleicht vorher zehntausend Worte in Sprachen gebetet haben, damit ich innerlich offen bin für das »Geheimnis des Evangeliums« (Eph 6, 19).

Es kann eine Hilfe sein, wenn andere, denen die Sprachengabe schon geschenkt ist, beim erstenmal mit uns in dieser Weise beten. Dies ist keine »Einübung« durch Suggestion oder Nachahmung, sondern Anregung der eigenen Spontaneität. Wichtig ist nicht, ob andere mir beim erstenmal geholfen haben, sondern ob ich hinterher allein in Sprachen bete. Wenn ich schwimmen lerne, bin ich ja auch dankbar, daß andere mir durch ihre Hilfe meine Angst vor dem Wasser nehmen. Wichtig bleibt nur, daß ich lerne, aus eigener Kraft und allein zu schwimmen.

In den größeren Gemeindegottesdienst könnte vor allem Eingang finden das »Singen im Geiste«:

> *»In eurer Mitte* laßt Psalmen, Hymnen und Lieder, wie der Geist sie eingibt, erklingen! Singt und jubelt aus vollem Herzen zum Lob des Herrn! Sagt Gott, dem Vater, jederzeit Dank für alles im Namen unseres Herrn Jesus Christus!« (Eph 5, 19 f).
> »Singt in eurem Herzen Psalmen, Hymnen und Lieder, wie sie der Geist eingibt, denn ihr seid in Gottes Gnade. Alles was ihr in Worten und Werken tut, geschehe im Namen Jesu, des Herrn; durch ihn dankt Gott, dem Vater!« (Kol 3, 16 f).

Hier sind zweifellos nicht Lieder gemeint, die nach Kompositionsgesetzen entstanden sind, sondern die »aus vollem Herzen«, aus der Fülle des Geistes, im Vollzug des Gottesdienstes aufsteigen. Eine Vorstufe dazu wäre das intensive gemeinsame Gebet des Kirchenchores vor dem »Vortrag«. Es ist ein Unterschied, ob ein Kirchenlied lediglich »kunstvoll« dargeboten wird, oder ob diese Darbietung zugleich ein *geistlicher,* aus der Fülle des Geistes kommender Dienst am Glauben der anderen ist.

Ein solcher Dienst ist auch der Zusammenklang der vielen *Sprachengebete* zu der Harmonie des einen Leibes Christi: Im Anschluß an eines der üblichen Kirchenlieder oder aus der Fülle des Augenblickes stimmt jemand einen Ton an, alle anderen nehmen ihn auf und suchen sich dann Ober- und Untertöne, die zusammen eine Harmonie ergeben. Auch dies ist schon ein geistlich-soziales Geschehen: Die Tonfolgen werden vorher nicht angegeben, sondern jeder fügt sich in das Ganze, so daß »im Leib kein Zwiespalt entsteht« (vgl. 1 Kor 12, 25). Jeder kann dann an diesem Geländer der Tonfolgen auf- und niedersteigen, singen und spielen, wie der Geist es ihm eingibt. Dies können Anrufungen in der Muttersprache sein (Herr ist Jesus; Herr, erbarme dich), ein Alleluja oder ein einfacher Vokal. Es kommt nicht darauf an, *was* man da singt und spielt, sondern daß man sich überhaupt vor Gott aussingt, in tiefer Anbetung seines unaussprechlichen Geheimnisses. *Jeder* kann sich an diesem »Singen im Geist« beteiligen, auch wenn ihm das Sprachengebet im engeren Sinne noch nicht gegeben ist! Jedem ist die Erfahrung verheißen, daß Gebet ein Vorgang *in* Gott, *in* dem unaussprechlichen Geheimnis selbst ist: Gott, der Heilige Geist, betet in uns durch den Gottmenschen Jesus Christus zu Gott, dem Vater!

Siebter Tag: Wiederentdeckung des Geheimnisses

Die Lebendigkeit einer Gemeinde zeigt sich darin, daß vielfältige Geistesgaben zusammenwirken. Man kann die Ausübung der Geistesgaben jedoch nicht »einführen« wie eine Strukturreform oder wie Liturgiereformen, sondern sie setzt eine tiefe *Selbstauslieferung* eines jeden einzelnen an das *Geheimnis Gottes* voraus. Es wird immer ein Geheimnis bleiben, wie die Geistesgaben »Offenbarung des Geistes« (1 Kor 12, 7) sind, und deshalb wecken sie auf geschichtlich neue Weise den *Sinn für das Geheimnis*. In unserer modernen, rationalen und technisierten Kultur stößt die Ausübung von Geistesgaben nicht zuletzt deshalb auf inneren Widerstand, Ablehnung, Spott oder kühle Distanz, weil diese rationale Kultur auf unerwartete Weise nunmehr wieder mit dem Geheimnis Gottes konfrontiert ist. Es zeigt sich immer mehr, daß der Verlust des Geheimnisses den Menschen nicht nur seelisch krank macht, sondern ihn auch distanzlos an die modernen Heilslehren preisgibt. Wo dieser Verlust als solcher erfahren wird, werden diese neuen Heilslehren in sich selbst als geheimnisvoll und unantastbar hingestellt (vor allem in totalitären Staaten). Jeder Mensch verehrt offen oder im geheimen irgendeine ihm überlegene Macht. Diese kann das Parteiprogramm sein, der persönliche Lebensstandard oder eine andere »Weltanschauung«. Das Geheimnis ist nicht nur die Grenze dessen, was wir erkennen können, sondern es gehört zum *Wesen* des Menschen, daß er irgendein Geheimnis verehrt, und zwar nicht nur dann und wann einmal, sondern: Das innere Streben des Menschen zielt auf das, was keines Menschen Auge je gesehen, was kein Ohr je gehört hat. Dies gilt für die Weltraumfahrt nicht weniger als für Zukunftsplanungen und -hoffnungen.

Ohne die Wiederentdeckung des göttlichen Geheimnisses wird aber auch der Verfall des Gottesdienstes weiter fortschreiten. Es herrscht heute vielfach eine Unklarheit darüber, was im Gottesdienst eigentlich geschieht oder geschehen sollte. Dies zeigt nicht nur der Rückgang des Gottesdienstbesuches, sondern dies zeigen vor allem die verschiedenartigen »Experimente«: Gottesdienst als Diskussionsveranstaltung oder als Aktionsgruppe. Diese Unklarheit zeigt sich aber auch in der Freigabe *naturhafter Spontaneität* nach dem Motto: Ihr dürft euch im Gottesdienst so fühlen wie zu Hause, ihr braucht nicht still zu sitzen, sondern ihr dürft euch bewegen, tanzen, ausdrücken usw.[18]

Demgegenüber ist mit Nachdruck darauf hinzuweisen: Die Grunddimension des Gottesdienstes, sowohl der Wortverkündigung als auch der Sakramente, ist das Geheimnis:

»Deshalb bin ich, Paulus, für euch Heiden der Gefangene Christi Jesu. Ihr habt doch gehört, welches Amt die Gnade Gottes mir für euch verliehen hat. Durch eine Offenbarung wurde mir das *Geheimnis* mitgeteilt, wie ich es schon in wenigen Worten beschrieben habe. Wenn ihr es lest, könnt ihr sehen, welche *Einsicht in das Geheimnis Christi* ich habe. Früheren Generationen war es nicht bekannt; jetzt aber ist es seinen heiligen Aposteln und Propheten offenbar geworden« (Eph 3, 1—5).

»Betet jederzeit im Geist; seid wachsam, harrt aus und bittet für alle Heiligen, auch für mich: daß Gott mir das rechte Wort schenkt, wenn ich mich anschicke, mit freiem Mut *das Geheimnis des Evangeliums* zu verkündigen, als dessen Gesandter ich im Gefängnis bin. Bittet, daß ich in seiner Kraft freimütig zu reden vermag, wie es meine Pflicht ist« (Eph 6, 18—20).

»Als Diener Christi soll man uns ansehen und als *Verwalter göttlicher Geheimnisse*« (1 Kor 4, 1).

Paulus spricht aus einer persönlichen Erfahrung des göttlichen Geheimnisses, das ihm bei seiner »Geisttaufe« vor Damaskus offenbar geworden ist (vgl. Apg 9, 17; 22, 15; 26, 16). Es ist kein Zufall, daß der Verfasser an der zitierten Stelle Eph 6, 18 auf das unablässige Gebet »im Geist« hinweist, auf das *Sprachengebet*. In ihm erfährt er, daß das Geheimnis des Evangeliums die ihn sendende Instanz ist (er ist »Gesandter« des Geheimnisses des Evangeliums!). Was damit gemeint ist, sagt er an anderer Stelle:

»Wir verkünden das *Geheimnis* der verborgenen Weisheit Gottes, die Gott vor allen Zeiten vorausbestimmt hat zu unserer Verherrlichung. Keiner der Machthaber dieser Welt hatte sie erkannt!... Wir verkündigen, was kein Auge gesehen und kein Ohr gehört hat, was keinem Menschen in den Sinn gekommen ist: wie Großes Gott denen bereitet hat, die ihn lieben. Denn uns hat es Gott enthüllt durch den Geist. Der Geist ergründet nämlich alles, auch die *Tiefen Gottes*« (1 Kor 2, 7—10).

Die »Tiefen Gottes« sind sein ureigenstes Geheimnis, das nur er selbst kennt und »erforscht«. Das »ewige Leben« wird darin bestehen, daß wir immer tiefer in dieses Geheimnis Gottes hineinfallen und daß es uns immer mehr *als* »Geheimnis« offenbar wird! Die Verkündigung, die Ausübung der Geistesgaben, ist schon jetzt eine Teilhabe an dieser Selbsterfahrung Gottes: Er offenbart es uns, *damit* wir es bezeugen! Wenn wir uns diesem Geheimnis ausliefern, dann *wissen* wir, was wir sagen, wenn wir vor anderen die Worte »Gott« oder »Jesus« oder »Heiliger Geist« aussprechen.

Die Wiederentdeckung des Geheimnisses in der charismatischen Erneuerung hat zugleich aber auch eine erhebliche *gesellschaftskritische* Kraft: Die Erfahrung des göttlichen Geheimnisses ermächtigt uns zu einer kritischen Distanz allen innerweltlichen Heilslehren gegenüber. Keine gesellschaftliche Macht wird uns unterdrücken können: Nicht das geheimnislose Prinzip des privaten Nutzens, nicht andere Heilslehren, die aus dem Staat oder einer Partei das letzte Geheimnis unseres Lebens machen wollen. Wir haben das *Geheimnis Gottes* in uns erfahren und können eben deshalb aus ihm heraus mit vollstem Einsatz und kritischem Abstand mitarbeiten an der Veränderung der Gesellschaft.

Siebte Woche: Unterscheidung

Erster Tag: Deine Entscheidung für Christus ist ein unauslöschliches Siegel

Die wichtigste aller Unterscheidungen ist die zwischen Gott und den widergöttlichen Mächten, zwischen dem Geist Christi und dem bösen Geist. Vielleicht hast Du Dich in den vergangenen sechs Wochen vom Geist Gottes so weit führen lassen, daß Du Dich für Gott und Christus entscheiden kannst, daß Du diesen Schritt schon getan hast oder bald tun willst? Wir haben schon in der vierten Woche gesagt (fünfter Tag): Jede Sünde kann uns vergeben werden, aber wenn wir es *bewußt unterlassen*, uns für Christus zu entscheiden, dann kann Gott uns diese Sünde nicht vergeben, weil wir ihn nicht darum gebeten haben. Wenn wir uns aber für Christus entscheiden, dann bleiben wir durch diese Entscheidung ein für allemal geprägt. Wir können sie nicht mehr im vollen Sinne rückgängig machen. Wir können dann nie mehr so tun, als hätten wir von Gott nie etwas gehört, nie sein Angebot angenommen. Uns ergeht es dann so ähnlich wie den Ehegatten, die sich einmal sehr tief geliebt haben. Sie bleiben voneinander beeindruckt und können auch nach einer späteren Scheidung nie mehr so tun, als seien sie sich nie begegnet. Sie tragen den Ein-Druck der anderen Person in sich, gleichsam als unauslöschliches Siegel. Liebe kann in Haß und Abneigung umschlagen, aber die tiefe Betroffenheit voneinander ist dadurch nicht rückgängig gemacht, sondern nur in ihr Gegenteil verkehrt.

In diesem Sinne sagt das Neue Testament mehrfach, daß Gott uns in der Taufentscheidung sein Siegel aufgedrückt hat:

»Gott aber, der uns auch in Christus festigt und uns alle gesalbt hat, er ist es auch, der uns sein *Siegel* aufgedrückt und als ersten Anteil den *Geist* in unser Herz gegeben hat« (2 Kor 1, 21 f).

»Durch ihn (Christus) habt auch ihr das Wort der Wahrheit gehört, das Evangelium von eurer Rettung; durch ihn habt ihr das *Siegel des verheißenen Heiligen Geistes* empfangen, als ihr den Glauben annahmt« (Eph 1, 13).

»Gebt dem Teufel keinen Raum! Beleidigt nicht Gottes Heiligen Geist, dessen *Siegel* ihr tragt für den Tag der Erlösung. Jede Art von Bitterkeit, Wut oder Zorn, Geschrei und Lästerung und alles Böse verbannt aus eurer Mitte! Seid gütig zueinander, seid barmherzig, vergebt einander, weil auch Gott euch durch Christus vergeben hat« (Eph 4, 27—32).

Unsere Entscheidung für Christus geschieht nicht nur in der Kraft des Heiligen Geistes, sondern dieser Geist drückt sich bei dieser Entscheidung in unser Innerstes ein wie der Siegelring in den Siegellack. Wichtige Urkunden werden auch heute noch mit einem Siegel versehen und dadurch beglaubigt und unwiderruflich bestätigt. So sagt der Hebräerbrief:

»Es ist unmöglich, Menschen, die *einmal* erleuchtet worden sind, die himmlische Gabe gekostet und Anteil am Heiligen Geist empfangen haben, die Gottes herrliches Wort und die Kräfte der zukünftigen Welt gekostet haben, dann aber abgefallen sind, erneut zur Umkehr zu bringen« (Hebr 6, 4—6).

Durch die Taufe haben wir die himmlische Gabe gekostet, die Kräfte der zukünftigen Welt, und wenn diese Entscheidung bis in unsere tiefsten Tiefen hinabreicht, dann können wir eine solche Umkehr nicht ein zweites Mal mit der gleichen Intensität vollziehen! Umkehr ist ein lebenslanger Prozeß, aber die erste Entscheidung für Christus ist so beeindruckend, daß dieser Eindruck unauslöschlich bleibt! Auf diese Weise werden wir Christus ähnlich, denn auch Christus hat der Vater »mit seinem Siegel bestätigt« (Joh 6, 27)

Erwäge am Beginn der siebten Woche diese Texte: Sie werden Dich froh machen. Entscheidung für Christus geschieht nicht in finsterem Ernst, sondern in ihr »verkosten« wir die Kräfte der kommenden Welt und gehören schon jetzt zu denen, die das Siegel Gottes auf ihrer Stirn tragen (Offb 7, 3). Die Gabe der Unterscheidung ist dann eine Auswirkung dieser Deiner Unterschiedenheit von allem, was nicht Gott ist.

Zweiter Tag: Die bösen Mächte und Gewalten werden versuchen, Deine Entscheidung für Christus in ihr Gegenteil zu verkehren

Wenn Du Dein Leben vor Zeugen und mit ihrer Hilfe Christus übergeben hast, dann wirst Du mehr als früher die Versuchung verspüren, die Dir geschenkte geistliche Kraft zu *miß-brauchen* (vgl. den ersten Abschnitt im Vortrag der siebten Woche). Auch Christus wurde nach seiner Geisttaufe in diese Versuchung geführt. Der Satan bestreitet Christus nicht, daß er mit Heiligen Geist getauft ist, aber er versucht, dieses Ereignis in sein Gegenteil zu verkehren: Jesus soll seine Macht mißbrauchen (Lk 4, 1—13) und so in einer Weise von Gott abfallen, wie sie ohne seine Geisterfahrung gar nicht möglich gewesen wäre! Uns wird es nicht anders ergehen. Die Entscheidung für Christus muß zu einer immer deutlicheren Unterscheidung von den bösen Mächten und Gewalten werden. Dies geht nicht ohne Kampf ab:
»Werdet stark durch die Kraft und Macht des Herrn! Zieht die Rüstung Gottes an, damit ihr den Schlichen des Teufels widerstehen könnt! Wir haben nicht gegen Menschen aus Fleisch und Blut zu kämpfen, sondern gegen die *Mächte und Gewalten,* gegen die Beherrscher dieser finsteren Welt, gegen die *bösen Geister.* Darum legt die Rüstung Gottes an, damit ihr am Tage des Unheils standhalten, alles vollbringen und so bestehen könnt!« (Eph 6, 10—13).
Die Kraft und Macht des Herrn, durch die wir stark werden sollen, ist der Geist des Herrn, wie es in demselben Brief heißt:
»Ich bitte, daß er euch nach dem Reichtum seiner Herrlichkeit gebe, in eurem Innern *durch seinen Geist* an Kraft und Stärke zuzunehmen« (Eph 3, 16). Diese Bitte erfüllt Gott immer dann,

wenn wir ihn um die Fülle seines Geistes bitten, denn diese Bitte ist ja nur in der Kraft des Geistes selbst möglich, so daß sie schon erfüllt ist, bevor wir sie aussprechen! Wer also um die Fülle des Geistes gebeten hat, der darf *gewiß* sein, daß er in seinen Tiefen durch den Geist Gottes an Kraft und Stärke *zugenommen* hat! Diese Zunahme ruft die bösen Mächte und Gewalten auf den Plan: Sie haben versucht, Jesus nach seiner Geisttaufe zum *Mißbrauch* seiner Geistesgaben zu bewegen. Dir wird es nicht anders ergehen. Jeder von uns muß »für das Evangelium vom Frieden *kämpfen*« (Eph 6, 15). Der Epheserbrief beschreibt deshalb den Kampf des Christen anhand der Kampfmittel des zeitgenössischen Soldaten: Panzer der Gerechtigkeit, Schild des Glaubens, Schwert des Geistes. Dies alles wird zusammengefaßt in dem Satz: »Hört nicht auf zu beten! *Betet jederzeit im Geist*; seid wachsam, harrt aus und bittet für alle Heiligen« (Eph 6, 18). Das Gebet »im Geist« ist die stärkste Abwehrwaffe. Sehr wahrscheinlich ist hier das Sprachengebet gemeint (vgl. den Unterschied zwischen Beten »im Geist« und Beten »mit dem Verstand«, 1 Kor 14, 14 f). Es ist ein Gebet des Sieges, denn der Geist Gottes selbst betet in uns! Es reinigt unsere Tiefen von dem immer wieder aufkommenden Mißtrauen gegen Gott. Besonders in ausweglosen Situationen, bei Enttäuschungen, Verleumdungen, aufkommendem Zorn, Feindschaft, sexueller Unordnung, *reinigt* dieses Gebet unsere Antriebe!

Der Text ermahnt uns weiter: »Widersteht den Schlichen des Teufels!« Er will uns nicht nur zum Mißbrauch unserer Geistesgaben verführen, sondern uns auch einreden: Sei doch nicht so dumm, Dich Gott auszuliefern, Du bist doch selbst jemand! Behalte ein gesundes Mißtrauen gegen Gott, gib doch nicht Deine Freiheit oder sogar Deine Sprache an Gott zurück! Behalte Dir vor, den Bund mit Gott aufzukündigen, wenn er Dir Deine Wünsche nicht erfüllt! Der Satan redet uns weiterhin ein: Vielleicht hast Du nur in einer Laune des Augenblicks um die Geisterneuerung gebeten, vielleicht hast Du es nur deshalb getan, weil auch die anderen es tun. Vielleicht ist alles nur Gruppendynamik! Und sei doch ehrlich: Du bist doch nicht anders geworden! Mache Dir doch nichts vor! Du wirst sehen: Nach einigen Wochen ist der Spuk vorbei! Du wirst nichts mehr »spüren«. Du wirst Krisen und Zeiten der Trockenheit durchmachen! Laß deshalb die Finger ganz davon und stelle Dich auf Deine eigenen Füße! Der Satan packt jeden von uns bei seiner schwächsten Stelle: Angst, Mißtrauen, Stolz, Geltungssucht, Eigenmächtigkeit, Depressionen, usw.

»Seid nüchtern und wachsam! Euer Widersacher, der Teufel, geht wie ein brüllender Löwe umher und sucht, wen er verschlingen kann. Leistet ihm Widerstand in der Kraft des Glaubens!« (1 Petr 5, 8).

Dritter Tag: Lasse die Saat des Wortes Gottes in Dir wachsen

Wir haben das Gleichnis vom Sämann und seine Deutung im Gottesdienst schon häufig gehört. Vielleicht gewinnt diese Deutung am Ende dieser »Einübung« eine neue Bedeutung.

»Hört also, was das Gleichnis vom Sämann bedeutet. Immer wenn ein Mensch das Wort vom Reich hört und es *nicht versteht*, kommt der Böse und nimmt alles weg, was diesem Menschen ins Herz gesät wurde; hier ist der Same auf den Weg gefallen. Auf felsigen Boden ist der Same bei dem gefallen, der das Wort hört und sofort freudig aufnimmt, aber keine Wurzeln hat, sondern *unbeständig* ist; sobald er um des Wortes willen bedrängt oder verfolgt wird, kommt er zu Fall. In die Dornen ist der Same bei dem gefallen, der das Wort hört, aber dann ersticken es die Sorgen dieser Welt und die Gier nach Reichtum, und es bringt *keine Frucht*. Auf guten Boden ist der Same bei dem gesät, der das Wort hört und es auch versteht; er bringt dann Frucht, hundertfach oder sechzigfach oder dreißigfach« (Mt 13, 18—23).

Der Acker ist das Herz und der Same das Wort Gottes. Hat das Wort von der Umkehr Dich ins Herz getroffen so wie die Zuhörer der Pfingstpredigt des Petrus (Apg 2, 37)? Oder hast Du das Wort von der Umkehr nicht »verstanden«, weil Dein Herz »verhärtet« ist (vgl. Mt 13, 15)? Rätselvoll und dunkel ist unser Widerstreben gegen die Annahme des göttlichen Wortes. Wir alle haben uns noch nicht völlig bekehrt, sind noch nicht geheilt. Wir haben schon oft Jesus gebeten, uns die Hände aufzulegen, uns Augen und Ohren zu öffnen, aber wir haben ihn immer noch nicht wirklich »verstanden«. Wir bleiben von uns selbst her Feinde Gottes, trotz aller seiner Gnadengeschenke und obwohl er uns als seine Kinder angenommen hat. »Der Böse« hat schon oft alles wieder weggenommen, was Gott in unser Herz gesät hatte: Wir sind von ihm abgefallen und werden immer wieder von ihm abfallen.

Oder mußt Du Dich zu jenen rechnen, die das Wort Gottes hören und es sofort freudig aufgenommen haben, aber Augenblicksmenschen sind? Die bei den ersten spöttischen Worten anderer zurückzucken und wieder in den alten Trott verfallen? Vielleicht hat Dich ein Gebetsgottesdienst sofort angesprochen, die Atmosphäre hat Dir gefallen, die Offenheit und Aufgeschlossenheit, die Begegnung mit anderen. Du hattest Freude an Deiner Freude, sie ging deshalb nicht tief, sie hat keine Wurzeln geschlagen. Deine Freude war im wahrsten Sinne des Wortes oberflächlicher Enthusiasmus und eben deshalb nur eine Episode in Deinem Leben, keine wirkliche Umkehr und Lebenswende. Fast jedem geht es am Anfang so.

Oder gehörst Du zu denen, in denen das Wort, die Freude, der Friede, die Liebe Gottes zwar Wurzeln geschlagen haben, aber dann von übertriebenen Sorgen, von Konsum, übermäßigem Fernsehen erstickt werden? Wer könnte von sich sagen, daß er nicht immer noch fasziniert ist von Wohlstand, Besitz oder auch von den Mächten der modernen Kultur: Fortschritt, Technik usw. Lies noch einmal nach, was Du am dritten Tag der ersten Woche aufgeschrieben hast!

Oder kannst Du von Dir sagen, daß das Wort von der Umkehr und Heilung tief in Dein Herz gedrungen ist und Frucht getragen hat, die »Frucht des Geistes« (vgl. Gal 5, 22)? Das Gleichnis ermahnt uns dazu, mit den Früchten und Gaben zufrieden zu sein, die der Geist austeilt, wie er will (1 Kor 12, 11). Die Liebe ist nicht eifersüchtig auf die Geistesgaben anderer, sondern freut sich an dem, was Gott anderen geschenkt hat. Vielleicht ist die Frucht des Geistes bei Dir nur »dreißigfach«, bei anderen »hundertfach«. Niemand kann selbst bestimmen, welche und wie viele Geistesgaben ihm geschenkt werden!

Vierter Tag: Strebt nicht hoch hinaus, sondern bleibt demütig

Im Seminarvortrag der siebten Woche sind Merkmale genannt worden, an denen man das Wirken des Heiligen Geistes in uns erkennen kann: allgemeine Unterscheidungsmerkmale (Übereinstimmung mit dem Wort Gottes und der Lehre der Kirche, Dienst am Aufbau von Kirche und Welt, Erfüllung der täglichen Berufspflichten) und persönliche Unterscheidungsmerkmale (Liebe, Freude, Friede). Ein einzelnes dieser Merkmale bleibt für sich genommen mehrdeutig. Wenn mehrere oder alle zusammenkommen, braucht man an der Echtheit einer bestimmten Geistwirkung nicht mehr zu zweifeln. Dabei kann es jedoch immer nur um die Frage gehen, ob *mehr* der Heilige Geist am Werke ist, oder *mehr* unsere menschlichen Antriebe unter Einschluß der Tendenz zur Sünde. Allen Merkmalen gemeinsam ist die Demut, der Mut zum Dienen, denn alle Geistesgaben sind Befähigung zum Dienst an anderen! Die Demut anerkennt, daß Gott in seinem ewigen Plan für jeden das Maß der Gnade festgesetzt hat. Bevor Paulus im Römerbrief die Geistesgaben aufzählt, sagt er deshalb:

»Strebt nicht nach Höherem, als euch zukommt, sondern strebt danach, *besonnen* zu sein, jeder nach dem *Maß des Glaubens*, das Gott ihm zugeteilt hat. Wir haben unterschiedliche Gaben, je nach der uns verliehenen Gnade« (Röm 12, 3—6).

»Jeder von uns empfängt die Gnade *in dem Maße*, wie Christus sie ihm geschenkt hat« (Eph 4, 7).

Dies gilt für jeden einzelnen und für die charismatische Erneuerung im ganzen. Wer sich aufgrund der allgemeingültigen und persönlichen Merkmale zu Recht dazu gerufen weiß, an der Erneuerung der Kirche mitzuwirken, neigt leicht zur Selbstüberschätzung der charismatischen Erneuerung als solcher. Gott erneuert seine Kirche auf *vielfältige* Weise, und der Heilige Geist ist zweifellos nicht nur in denen am Werke, die sich der charismatischen Erneuerung geöffnet haben! Oft werden schon allein die Zahlen derer übertrieben, die von dieser Erneuerung erfaßt sind. Dies geschieht häufig nicht aus Geltungssucht, sondern um darzutun, wie mächtig Gott auch heute noch wirkt. Eine noch größere Gefahr aber ist die persönliche Selbstüberschätzung, die ihren Grund in der unausrottbaren Ichbezogenheit hat. Deshalb mahnt Paulus hinsichtlich der Geistesgaben zur *Besonnenheit und Demut.* Nennen wir einige Beispiele:

Gesundheit. Es kann sein, daß jemand sich für die Erneuerung in einem solchen Maße einsetzt, daß seine körperlichen und seelischen Kräfte überfordert sind, daß er leiblichen und seelischen Schaden erleidet. Natürlich sind wir aufgerufen, unser Äußerstes zu tun, aber wenn wir dabei überfordert sind, zu wenig Schlaf haben, mißmutig werden, gereizt und unausgeglichen, dann ist dies *zunächst falsch.* Es gibt Beispiele aus dem Leben begnadeter Menschen, die sich im wahrsten Sinne des Wortes aufgerieben haben im Dienst für andere, aber jeder muß sich selbst und anderen *Beweisgründe* beibringen, daß dies auch für ihn selbst der Wille Gottes ist. Zunächst besteht die Vermutung, daß eine gesundheitliche Überforderung mehr aus den eigenen, ichhaften Antrieben kommt als aus Impulsen des Heiligen Geistes.

Seelische Erkrankungen. Häufig kommen Menschen in die Gebetsgruppen, die seelisch nicht ausgeglichen (labil) sind, und hoffen, durch die »Gruppe« oder durch die charismatische Erneuerung innerlich entlastet zu werden. Manche Gebetsgruppen sind nicht lebensfähig geblieben und haben sich wieder aufgelöst, weil sich in ihnen vorwiegend solche Menschen zusammengefunden haben. Ganz grundsätzlich gilt: Die charismatische Erneuerung ist für jeden einzelnen eine Zumutung, denn Umkehr und Sichloslassen ist oft mit langen inneren Kämpfen verbunden und setzt seelische *Gesundheit* voraus. Gebetsgruppen sollten es sich deshalb in der Regel nicht zumuten, seelisch kranke Menschen bei sich aufzunehmen, es sei denn, es stünde ihnen ein erfahrener Psychologe oder Psychotherapeut zur Seite. Es übersteigt in der Regel die Kenntnisse und auch die Kräfte der Mitglieder von Gebetsgruppen, seelisch kranke oder labile Menschen überhaupt zu *verstehen.* Die Bitte um seelische, innere Heilung setzt in jedem Falle eine *Erkenntnis* der inneren Verwundungen oder Ursachen der seelischen Erkrankung voraus (deshalb in der dritten Woche auch der Versuch einer Rückerinnerung). Das Schwerste für im medizinischen Sinne seelisch kranke Menschen ist aber gerade diese Erkenntnis ihrer Krankheit. Häufig sind sie dazu erst dann bereit, wenn der innere oder äußere Leidensdruck entsprechend groß ist, wenn sie irgendwie wirklich scheitern. Die Bewußtmachung der seelischen Erkrankung kann dann nur ein erfahrener Psychotherapeut leisten. Es ist ein großes Verhängnis, wenn man nicht bereit ist, die weltliche Wirklichkeit in ihrer Eigengesetzlichkeit zu sehen, und wenn Gebetsgruppen versuchen, auf dilettantische Weise »kostenlose« Psychotherapie zu betreiben! Seelische Erkrankungen werden dann häufig geistlich überdeckt oder überhöht und kommen so erst recht nicht zum Bewußtsein. Der Prozeß einer seelischen Heilung wird dadurch geradezu verschoben oder verhindert. *Nach* einer fachmännischen Beratung dagegen können Gebetsgruppen durch die in ihr lebendige Freude, Liebe und Freiheit viel zum Gesundungsprozeß beitragen! Allerdings setzt dies bei den seelisch Erkrankten auch wiederum die Demut voraus, daß sie sich nicht selbst zum Maßstab für die Erfahrung der Gnade Gottes machen. Nennen wir zwei wichtige Fälle:

a) *Depressive.* Manche Menschen leiden ständig derart unter Depressionen und Niedergeschlagenheit, daß sie alles auf sich selbst beziehen und ihnen alles zum Gericht wird. Aus der biblischen Umkehrpredigt und aus Anleitungen, in sich selbst hineinzuschauen, lesen sie das heraus, was sie ohnehin schon belastet, und das verstärkt die Depressionen. Ihre ohnehin schon starken Schuldgefühle steigern sich dann bis zur Unerträglichkeit. Allerdings sehen sie oft auch schärfer als andere, was wirkliche Umkehr ist, und können so einen wichtigen Dienst tun, falls sie sich dabei nicht selbst zum absoluten Maßstab für andere machen. Häufig versuchen sie aber auch, ihre Niedergeschlagenheit durch um so größere Aktivität, Aktionen ohne Kontakt mit der Wirklichkeit, auszugleichen (manisch-depressive Gemütserkrankung).

b) *Hysteriker.* Auch der hysterische Mensch bezieht alles auf sich selbst, aber er sieht in allem eine Möglichkeit, seine Geltung und sein Ansehen zu steigern. Während der depressive Mensch seine Beschwerden oft vordergründig auf Einflüsse

Satans zurückführt, lebt der hysterische Mensch auf unechte Weise ständig im »Himmel«. Ihm geht es nicht primär um Umkehr, sondern er strebt ständig nach den »höheren« Geistesgaben, um so seine Überlegenheit zu dokumentieren. Aufgrund eines tief verwurzelten Minderwertigkeitsgefühls weist er ständig darauf hin, daß die anderen noch nicht eigentlich »charismatisch« seien. Da dies immer irgendwie zutrifft, kommt auf diese Weise eine oft nicht vom Geist gewirkte Unruhe in die Gebetsgruppen. Streit und Spaltung sind häufig die Folge.

Seelisch unausgeglichene, labile Menschen sollten nie in der Leitung tätig sein!

Fünfter Tag: Niemandem geben wir auch nur den geringsten Anstoß

Die Erneuerung der Kirche kann nicht von heute auf morgen geschenkt werden, der sehr persönliche Schritt der Geisterneuerung kann zunächst nur in kleineren Gruppen wachsen.

Diese haben oft aber eine unerwartete Signalwirkung, und deshalb werden die Mitglieder solcher Gruppen besonders kritisch betrachtet, auch hinsichtlich ihres alltäglichen Lebenswandels sowie ihres gesellschaftskritischen Einsatzes. Die Verkündigung muß durch das Leben gedeckt sein. Der folgende Text gilt zunächst für *jeden* Christen.

»Als Mitarbeiter Gottes ermahnen wir euch, darauf zu achten, daß ihr seine Gnade nicht vergebens empfangen habt. *Niemand geben wir auch nur den geringsten Anstoß, damit von unserem Dienst nicht schlecht geredet wird.* In allem erweisen wir uns als Gottes Diener: durch große Standhaftigkeit, in Bedrängnis, in Not, in Angst, unter Schlägen, im Gefängnis, bei Verfolgungen, unter der Last der Arbeit, in durchwachten Nächten, durch Fasten, durch lautere Gesinnung, durch Erkenntnis, durch Langmut, durch Güte, durch Heiligen Geist, durch ungeheuchelte Liebe, durch das Wort der Wahrheit. *Uns wird Leid zugefügt, und doch sind wir jederzeit fröhlich;* wir sind arm und machen doch viele reich; wir haben nichts und haben doch alles« (2 Kor 6, 1—10).

Wer zum ersten Mal mit der Erneuerung der Kirche in Berührung kommt, fühlt sich zunächst persönlich in Frage gestellt, denn wenn man sich auf sie einläßt, muß und wird sich in dem jeweiligen persönlichen Leben vieles ändern. Die erste Reaktion ist deshalb in der Regel *Abwehr* (jedem ist dies so ergangen, und diese Abwehr hört nie ganz auf). Man sucht nach allerlei Gründen, sich nicht auf diese Erneuerung einlassen zu müssen: Vielleicht sind die Menschen, die sie repräsentieren, seelisch nicht ganz gesund, vielleicht sind sie überheblich! Deshalb lautet häufig die erste aller Fragen: Wie verhalten sich diese Menschen im alltäglichen Leben, sind sie besser als wir, mit welcher Vollmacht treten sie auf? Mit vollem Recht ist ein Unterscheidungsmerkmal für Außenstehende die Auswirkung der Erneuerung auf die konkrete Ortsgemeinde oder die Ordensgemeinschaften.

Das persönliche Zeugnis für die Erneuerung kann so »anstößig« sein, daß eine Ortsgemeinde gespalten wird in »Charismatiker« (ein Wort, das man schon aus diesem Grunde unbedingt vermeiden sollte) und nicht erweckte Traditionschristen. Wenn jemand von sich die Meinung hat: »Aufgrund meiner Geisterneuerung bin ich besser als andere«, dann ist dies zutiefst falsch. Andere sollten vielmehr Grund haben zu der Feststellung: Er ist besser und anders als *früher*! Wenn jemand nur noch die Gebetstreffen besucht, aber nicht mehr am Leben seiner Pfarrgemeinde teilnimmt, dann dient er nicht der Erneuerung der Kirche und hat die Gnade Gottes »vergebens« empfangen! Von der Erneuerung wird dann mit Recht »schlecht geredet«. Sein Einsatz in der Pfarrgemeinde sollte von innen her intensiver und persönlicher sein als früher! Manche sagen in der Tat, daß sie den sonntäglichen Gottesdienst in ihrer Ortsgemeinde mit mehr innerer Anteilnahme als früher mitfeiern, da ihnen auf neue Weise die Anwesenheit Gottes im Gottesdienst erschlossen ist!

Dasselbe gilt für Ordensgemeinschaften und evangelische Lebensgemeinschaften: Wo Menschen sehr eng zusammenleben, kann eine »gesonderte« Gebetsgruppe das Gemeinschaftsleben empfindlich stören. Wenn sie sich abschließt und einzelne an den üblichen Gebetszeiten und Gottesdiensten kaum oder unregelmäßig teilnehmen, dann dient auch dies nicht der Erneuerung des jeweiligen Ordens, sondern es entsteht ein neuer

»Orden« im Orden. Dies kann so weit gehen, daß einige mit den Ordensregeln in Konflikt geraten oder innerlich aus ihrem Orden auswandern. Am Anfang jeder Ordensgründung aber steht eine charismatische Erfahrung, und es wäre geradezu eine Sünde gegen den Heiligen Geist, diese nunmehr hinter sich lassen zu wollen. Die charismatische Erneuerung bringt nicht nur wirklich *neue* Elemente in das Christenleben hinein, sondern hat auch in sich die Kraft, die echten Geistwirkungen in früheren Zeiten auf unerwartete Weise wieder lebendig zu machen.

Sechster Tag: Amtskritik — Gesellschaftskritik

Die charismatische Erneuerung schärft den Blick für unangemessene Machtansprüche in Kirche und Gesellschaft, aber sie *beginnt* nicht mit einer Kritik an ihnen. Der Anfang ist vielmehr die Aufgabe der Kritik *Gott* gegenüber, und erst aus der *geistlichen* Gabe der Unterscheidung erwächst die notwendige Kritik in Kirche und Gesellschaft. Ihrem innersten Antrieb nach ist die charismatische Erneuerung nicht in erster Linie Reaktion gegen Bestehendes, sondern Aktion auf die Zukunft der Kirche und der Gesellschaft hin. Dies schließt in bestimmten Fällen einen Protest nicht aus: Auch Paulus ist dem Petrus in Gegenwart aller offen entgegengetreten, weil er von der Wahrheit des Evangeliums abgewichen war (Gal 2, 11–21). Auch die Kritik an ungerechten gesellschaftlichen und politischen Verhältnissen kann und muß unter Umständen bis zum Protest gehen, da sie sich oft nicht kampflos beseitigen lassen. Eine solche Kritik in Kirche und Welt ist vor allem dann notwendig, wenn die Leitenden und Mächtigen ihre Macht mißbrauchen. Lesen wir deshalb am Ende der siebten Woche einige entsprechende Texte aus dem Neuen Testament:

»Nie haben wir mit unseren Worten zu *schmeicheln* versucht, das wißt ihr, und wir haben nie aus versteckter *Habgier* gehandelt, dafür ist Gott Zeuge. Wir haben auch keine *Ehre* bei den Menschen gesucht, weder bei euch noch bei anderen, obwohl wir als Apostel Christi unser *Ansehen* hätten geltend machen können, sondern wir waren voll Liebe zu euch, wie eine Mutter, die für ihre Kinder sorgt« (1 Thess 1, 5—7).

»Wir sind nicht *Herren* über euren Glauben, sondern Helfer zu eurer *Freude*« (2 Kor 1, 24).

Die Geschichte der Kirche zeigt, daß die Amtsträger immer wieder der Habgier unterlegen sind, daß sie ihre eigene Ehre gesucht haben. Paulus sagt sogar: Wir *hätten* unser Ansehen geltend machen können unter Berufung darauf, daß wir Apostel Christi sind, aber wir haben es nicht getan, damit unsere Predigt nicht als Menschenwort, sondern als Gotteswort angenommen wird (vgl. 1 Thess 1, 13; 1 Kor 2, 3—5). Für die »Angesehenen« (vgl. Gal 2, 6) ist die Versuchung groß, die Macht und das Ansehen Christi sich selbst zuzuschreiben und zur Aufwertung der eigenen Person zu mißbrauchen. Auch deshalb bedarf die Kirche einer »dauernden Reformation«, die Pflicht der ganzen Kirche und jedes einzelnen ist, wie das II. Vatikanische Konzil sagt (Dekret über den Ökumenismus, Art. 6, 1). Bestimmte Grundhaltungen bei den Amtsträgern, die mit ein Anlaß für den Protest der Reformatoren des 16. Jahrhunderts waren, sind von demselben Konzil als Triumphalismus, Klerikalismus, Juridismus erkannt und zurückgewiesen worden. Ähnliche Grundhaltungen sind aber auch in den aus der Reformation des 16. Jahrhunderts hervorgegangenen Kirchen nicht fremd. Auch hier wurden die Geistesgaben häufig in der Amtsbefugnis des einen »Geistlichen« gebündelt.

Ein Abbau dieser Fehlentwicklungen ist jedoch nicht auf einer in erster Linie soziologischen Ebene möglich, durch Einrichtung von Räten, Gremien, Synoden: Die bloße Änderung von Strukturen innerhalb der Kirche und ihre sogenannte »Demokratisierung« ist noch kein *geistlicher* Vorgang! Was würde aber geschehen, wenn der Pfarrgemeinderat, der Priesterrat, wenn Bischofssynoden ihre Beratungen durch schweigendes Gebet um Einsicht und Weisheit unterbrechen, wenn die Entscheidungsfindung ein »konziliarer Prozeß« wäre, wie im Seminarvortrag der siebten Woche (5) beschrieben ist?

Eine solche *geistliche* Erneuerung kann jedoch nicht erzwungen werden, vor allem nicht mit Mitteln, die der politischen

Kampfarena entnommen sind. Sie wird *geschenkweise hinzugegeben*, wenn die »Leitenden« den sehr persönlichen Prozeß der Geisterneuerung an sich geschehen lassen. Auf dem internationalen Kongreß der katholisch-charismatischen Gemeindeerneuerung in Rom 1975 hat ein amtierender Bischof öffentlich vor den 10 000 Teilnehmern das Bekenntnis abgelegt: »Früher war ich der König in meiner Diözese. Nachdem ich um die Handauflegung gebeten habe — und dies war für mich die Erneuerung meines Weihesakramentes —, kann ich nur noch mit Scham an diese Zeit zurückdenken.« So wäre es denkbar, daß in Zukunft auch der Pfarrer in der Öffentlichkeit der Gemeinde sein Weihesakrament (bzw. die Ordination) erneuert und dabei auch die Gläubigen um ihre Handauflegung bittet.

Die »Leitenden« in den christlichen Großkirchen werden zunächst vor einem solchen Schritt zurückschrecken, da sie eine Minderung ihrer geschichtlich gewachsenen »Rolle« befürchten, eine Abnahme ihres »Ansehens«. Diese Sorge ist aber objektiv nicht begründet: Viele Amtskrisen würden nicht ausbrechen, wenn der Pfarrer sich jede Woche darauf freute, an einem Gebetsgottesdienst teilzunehmen, in welchem er menschlich und geistlich getragen wird und in welchem er mehr von dem Glauben der anderen empfängt, als er jemals vermitteln kann! Aus den »Herren des Glaubens« werden so auf geistlichem Wege »Diener der Freude«. »Auch der Menschensohn ist nicht gekommen, um sich bedienen zu lassen, sondern um zu dienen und sein Leben als Lösegeld für viele hinzugeben« (Mk 10, 45).

Ein solch geistlicher, als Geschenk angenommener Abbau von Macht läßt sich nicht ohne weiteres auf die weltliche, politische Wirklichkeit übertragen. Es ist nicht zu erwarten, daß die politisch Mächtigen insgesamt und gleichzeitig sich zu Christus bekehren. Erst in der nachgeschichtlichen, »himmlischen Stadt« wird nur noch Gott herrschen: »Die Pracht und Kostbarkeiten der Völker wird man in die Stadt bringen. Nichts Unreines aber wird Einlaß finden, keiner, der Greuel verübt und lügt« (Offb 21, 24—27). Bis zum Ende der Geschichte wird deshalb das Wort Jesu bei Markus gelten: »Ihr wißt, daß die Herrscher ihre Völker unterjochen und die Mächtigen ihre Macht über die Menschen *mißbrauchen*« (Mk 10, 42). Der Christ begegnet deshalb jeder innerweltlichen Macht mit einem aus dem Glauben kommenden »Vorbehalt«, er läßt sich nicht von ihr unterdrücken oder mißbrauchen. Politische Kampfmaßnahmen aus Glaubenserfahrung sind deshalb unter bestimmten Umständen notwendig und geboten. Das Prinzip des privaten Nutzens in den reichen Industrieländern des Westens ist ebenso unchristlich wie das Prinzip des kollektiven Nutzens in denen des Ostens. Die geistliche Erneuerung ist in sich selbst in hohem Maß gesellschaftskritisch, weil sie dieses Prinzip des reinen Nutzens durchbricht. Anbetung Gottes bringt keinen »Nutzen«, aber sie ist für den Fortschritt der Gesellschaft wichtiger als eine geheimnislose Leistungsgesellschaft. Gesellschaftskritisch ist nicht zuletzt auch das wortlose Erleiden der Unterdrückung der Glaubensfreiheit!

Siebter Tag: Wie gebe ich Zeugnis?

Durch die Geisterneuerung werden wir zu Missionaren Jesu Christi, zu Zeugen für das von Gott allen Menschen angebotene neue Leben. Wir erfahren die Gemeinschaft mit Gott dann besonders tief, wenn wir miterleben dürfen, wie andere Menschen durch unser eigenes Glaubenszeugnis zum Glauben kommen. Dies war ja auch die Missionsmethode der Urkirche: Jeder Christ ein Missionar! Die Erneuerung der Kirche kann nicht mit Mitteln der modernen Propaganda und Reklame ausgebreitet werden, sondern nur durch das *persönliche* Glaubenszeugnis von Mensch zu Mensch (dies schließt nicht aus, daß auch die modernen Medien: Filme, Tonbänder, Zeitschriften usw. dabei eingesetzt werden). Die moderne Reklame neigt nämlich zu Übertreibung und Unechtheit und spricht häufig in erster Linie Gefühle an. Christliches Zeugnis dagegen bezeugt *Tatsachen!*

Deshalb sollte man sein Zeugnis erst nach einer gewissen Zeit der Bewährung geben. In den ersten Wochen oder vielleicht auch Monaten nach der Geisterneuerung sind viele sehr tief erfüllt von der Freude darüber, daß sie sich Gott zurückgegeben haben und seine Anwesenheit auch in ihrem alltäglichen Leben erfahren dürfen. Dieser Zustand ist durchaus vergleichbar mit dem Beginn einer großen und starken Liebe zwischen zwei Menschen. Ob diese Liebe aber wirklich echt ist und durchhält, zeigt sich erst nach einer Zeit der Bewährung. Manche sind in der ersten Zeit nach der Geisterneuerung geneigt, in überschwenglicher Weise von ihren *Gefühlen* Zeugnis zu geben. Gefühl an sich aber beweist noch gar nichts, sondern erst die *Tatsache*, daß Gott uns und unser Leben *verändert* hat.

Zeugnis ist andererseits nicht eine rein sachliche Information, denn wir bezeugen das, was wir *erfahren* haben, aber wir bezeugen eben nicht in erster Linie unsere Gefühle, sondern das, was sich aufgrund unserer Betroffenheit — auch für andere erkennbar — tatsächlich geändert hat. Das Pfingstereignis war für die Jünger sicherlich ergreifend, denn diejenigen, die das Wunder der Sprachengabe miterlebten, »gerieten außer sich«, und einige spotteten sogar: »Sie sind vom süßen Wein betrunken« (Apg 2, 12), aber die anschließende Predigt des Petrus ist ganz nüchtern. Sie beschreibt in kurzen, knappen Worten den Weg Jesu, seine Machttaten und Zeichen, die er gewirkt hat, die für jedermann — wenigstens von außen her — erkennbar waren. Petrus weist dann vor allem auf die Tatsache hin, daß die Jünger Zeugen der Auferstehung geworden sind. Er bezeugt dabei nicht seine Gefühle (um nicht die Tatsache als solche zu verdecken). Der Beweis für die Auferstehung sind dann wiederum bestimmte Zeichen, die jedermann sehen und hören kann (Apg 2, 33), und Lukas meint damit vor allem die Prophetengabe und die Sprachengabe. Die so erkennbare *Tatsache*, daß Gott den gekreuzigten Jesus zum Herrn gemacht hat, trifft die Zuhörer ins Herz (Apg 2, 37)! Die erkennbaren Änderungen im Leben der Jünger (sie hatten alles gemeinsam, verkauften Hab und Gut usw.) sind dann ein weiterer Anlaß für das Wachsen der jungen Gemeinde (Apg 2, 43—47).

Ein persönliches Zeugnis ist so etwas wie eine »Laienpredigt« (auch für ausgebildete Theologen), und eine Predigt kann und soll man sich durchaus vorher überlegen. Der Heilige Geist wird uns dann eingeben, was wir in bestimmten Situationen jeweils sagen sollen (vgl. Lk 12, 12): Im Gottesdienst, in der Gebetsgruppe, in der täglichen Arbeitswelt. Für ein situations-gerechtes Zeugnis gelten dabei folgende, allgemeine, grund-sätzliche Regeln:

a) Unser Zeugnis muß in jedem Falle *einfach, knapp und wahr* sein. Vermeide es, andere anzupredigen. Gib Dein Zeugnis mit Deiner natürlichen Stimme und in normalem Tonfall, wie einen Bericht. Paulus sagt: »Mein Wort und meine Botschaft wirkten nicht durch Redekunst und Gedankenreichtum, sondern weil Gottes Geist darin seine Kraft erwies. Euer Glaube sollte sich nicht auf Menschenweisheit gründen, sondern auf Gottes Macht« (1 Kor 2, 4 f).

b) Beginne Dein Zeugnis nicht mit *negativen* Äußerungen über andere (über andere Menschen, andere Kirchen, Amtsträger usw.): »Großes hat der Mächtige an *mir* getan« (Lk 1, 49). Die Erneuerung der Kirche beginnt bei *mir,* und ich kann Gott nur demütig bitten, daß er auch anderen (vielleicht sogar durch mein Zeugnis) seine Gnade schenkt. Der unter Umständen not-wendige Protest gegen Mißstände gehört nicht in das persön-liche Zeugnis.

Obwohl Paulus in Athen von tiefem Zorn erfaßt war, als er die Götzenbilder der Stadt sah (Apg 17, 16), beginnt er seine Predigt nicht mit einem überheblichen, aggressiven Protest, sondern nimmt die anderen Menschen in ihrer Suche nach Gott ernst: »Nach allem, was ich sehe, seid ihr besonders fromme Menschen« (Apg 17, 22). Ein *situationsgerechtes* Zeugnis fragt nach dem jeweiligen »Anknüpfungspunkt«, denn es ist ein Unterschied, ob ich mein Zeugnis vor Christen gebe, die auf-grund von Erziehung und Tradition ihre Pflicht erfüllen und sich nach Kräften einsetzen, oder ob ich zu solchen spreche, die der Kirche völlig fernstehen! Sprich nicht über das, was den anderen noch fehlt, sondern über das Angebot Gottes, das uns mehr verheißt, als wir jemals annehmen können!

c) Die Grundhaltung ist die Liebe, und deshalb darf unser Zeugnis den anderen *nicht demütigen oder beschämen.* Gottes *Güte* treibt zur Umkehr (Röm 2, 4), und diese Güte muß auch in unserem Zeugnis spürbar sein. Der Ruf zur Umkehr, der aus dem Evangelium selbst kommt, ist schon in sich selbst für jedermann eine Zumutung und ruft bei jedem von uns spontane Widerstände hervor. Es gibt aber auch Widerstände, die aus der Art und Weise des Zeugnisses kommen, aus unserer Tendenz, so etwas wie »geistliche Überlegenheit« zu zeigen. Die Liebe konfrontiert den anderen deshalb nicht schon in den ersten Sätzen des Zeugnisses mit Geistesgaben, zu denen er noch kein Verhältnis hat. Der andere muß an bestimmten, für ihn selbst *nachprüfbaren* Änderungen in Deinem Leben sehen können, daß Gott selbst am Werke ist. Anderenfalls müßte er ja selbst bereits die Gabe der Unterscheidung haben, um die Echtheit bestimmter Geistesgaben prüfen zu können. Diese Gabe aber wiederum setzt ja die Umkehr voraus, zu der Gottes Güte den anderen durch Dein Zeugnis allererst bewegen möchte!

Aus diesen Gründen ist es wichtig, sich einige Gedanken über die Art und Weise des Zeugnisses zu machen, und es ist hilfreich, es zunächst einmal aufzuschreiben. Es sollte nicht länger als *drei Minuten* dauern, denn anderenfalls kommt man ins Gerede und erzählt weitschweifig *unwichtige* Einzelheiten. Man kann es nach drei Gesichtspunkten gliedern:

1. Mein Leben vor der Geisterneuerung

Beschreibe in kurzen, knappen Worten die Hauptrichtung Deines Lebens. Wonach strebst Du, was ist für Dich das Beste im Leben? Welche Leitbilder hast Du: Erfolg, Reichtum, Geltung? Liebe anderer Menschen? Welche Zukunftsträume hast Du? Lies noch einmal durch, was Du am dritten Tag der ersten Woche aufgeschrieben hast.

a) Schildere die besonderen Umstände, die konkreten Situationen, in denen Dein Leben vor der Geisterneuerung sich vollzogen hat. Vermeide dabei allgemeine Ausdrücke, sondern nenne wichtige, *konkrete Einzelheiten* (z. B.: Früher habe ich jeden Abend mehrere Stunden vor dem Fernsehen gesessen; früher hatte ich keine Zeit für meine Familie, sondern nur für mein Hobby; ich habe fast nie gebetet; bestimmte Kleinigkeiten [nenne sie] haben mich in Wut gebracht; ich war begeistert und fasziniert von ... usw.).

b) Überlege vor Gott, ob Du Verfehlungen nennen solltest, die

in die Beichte gehören. Die alte Kirche war nicht sehr zimper-
lich in dem *öffentlichen* Bekenntnis auch persönlicher Sünden.
Gott verlangt von uns aber nicht, daß wir uns bloßstellen vor
Menschen, die ein solches Bekenntnis nicht mit der entsprechenden Ehrfurcht aufnehmen. Hier kommt es wirklich auf die
jeweilige Situation an.

2. *Wie ich zur Geisterneuerung geführt worden bin*

Was war der erste Kontakt mit solchen, die von Christus
Zeugnis geben? Wie bin ich in die Erneuerung hineingewachsen
(durch das Zeugnis anderer, durch ein Einführungsseminar)?
Was hat mir die Geisterneuerung bedeutet? Vielleicht hast Du
bei der Handauflegung nichts »gespürt«, hast nur eine große
innere Leere erfahren. Vielleicht aber warst Du auch tief ergriffen. War die Geisterneuerung ein *Wendepunkt* in Deinem
Leben?

a) Beschreibe dieses Ereignis mit einfachen, schlichten Worten.
Vermeide überschwengliche Ausdrücke, die man sonst bei der
Schilderung bedeutender Erlebnisse gebraucht (toll, schön,
glücklich, phantastisch, unbeschreiblich usw.).

b) Schildere auch offen Deine Angst und Deine Hemmungen,
Dich Gott auszuliefern. Beschreibe Deine Zweifel, Deine kritischen Überlegungen. Deine Angst vor den Konsequenzen usw.

c) Vermeide Ausdrücke, die Fernstehende nicht verstehen oder
die zu »fromm« klingen (gerettet, bekehrt, erweckt, wieder-
geboren usw.).

3. *Mein Leben nach der Geisterneuerung*

a) Schildere nüchtern und ehrlich die Veränderungen in Deinem Leben, *ohne Übertreibung.* Sonst meinen die anderen, sie
könnten so etwas nie nachvollziehen, oder sie halten das Ganze
für völlig unwahrscheinlich: »Die Liebe prahlt nicht und bläht
sich nicht auf« (1 Kor 13, 4). Nenne auch hier wieder konkrete
Einzelheiten und Tatsachen, *die andere nachprüfen können.*
Wer ehrlich ist, wird von sich sagen müssen, daß nicht »alles
ganz anders« geworden ist. Gibt es Handlungen oder Einstellungen, die *nicht* in der Verlängerung Deiner angeborenen oder
früheren Haltungen und Einstellungen liegen? Auch werden

wir durch die Geisterneuerung nicht »besser als andere«, sondern allenfalls »besser als früher«!

b) Vermeide den Eindruck, die charismatische Erneuerung sei der *einzige* Weg zur Erneuerung der Kirche. Gott erweckt auf vielfältige Weise Menschen zu einem lebendigen Glauben. Die charismatische Erneuerung ist nicht eine »Bewegung«, die »Anhänger« sammelt, sondern ein Ereignis von Gott her. Es bleibt immer bedroht von der menschlichen Tendenz zur Sünde und zum Mißbrauch.

c) Sprich nicht schon bei der ersten Begegnung mit anderen von den »leuchtenderen« Charismen (Prophetengabe, Sprachengabe, Heilung), wenn sie Dir geschenkt worden sind. Die anderen können sich darunter zunächst kaum etwas vorstellen. Manche gleichen den Athenern, die nichts lieber taten, »als die letzten Neuigkeiten zu besprechen oder zu hören« (Apg 17, 21). Für viele hat vor allem die Sprachengabe etwas Sensationelles an sich, und sie fragen vor allem nach diesem einen Punkt. Obwohl Paulus mehr als alle anderen in Sprachen betet (1 Kor 14, 18), erwähnt er in seinen von Lukas aufgezeichneten Missionspredigten davon kein Wort! Voraussetzung für die Annahme aller Geistesgaben ist das Mitsterben mit Christus, die Annahme des eigenen Todes (vgl. den siebten Tag der ersten Woche)!

»Gott hat uns nicht einen Geist der Verzagtheit gegeben, sondern den Geist der Kraft, der Liebe und der Besonnenheit. Schäme dich also nicht, dich zu unserem Herrn zu bekennen« (2 Tim 1, 7 f).

I. Erneuerung der Kirche*

1. Glaubenszeugnis aus persönlicher Begegnung

Die charismatische Gemeindeerneuerung ist eine Form der Evangelisation, in der die Christen aufgrund ihres *gemeinsamen Priestertums* einander durch persönliches Glaubenszeugnis zu einer *unmittelbaren Begegnung mit Christus selbst* hinführen. Ihr Kern sind die für die Taufe vorausgesetzte Umkehr, missionarische Liturgie und Geisterneuerung.

Das Leben vieler Menschen, die lediglich durch Kindertaufe und Erziehung Christen waren, ändert sich, wenn sie in diese Erneuerung hineingewachsen sind:

Sie sprechen über Gott und Christus aufgrund einer wirklichen *persönlichen Begegnung* und werden befreit zu einem persönlichen Glaubenszeugnis in einer indifferenten oder dem Christentum feindlichen Umwelt. Viele erfahren an sich — oft zu ihrem eigenen Erstaunen — eine neue Liebe zur Heiligen Schrift, zum Gebet, eine neue Öffnung für die Probleme und Nöte anderer Menschen und für ein christlich motiviertes soziales Engagement.

Diese Erneuerung wächst in allen Ländern in erstaunlichem Maß und ist ein großes Zeichen der Hoffnung. Sie ist jedoch keine neue »Bewegung«, in der *wir* von uns aus etwas wollen oder organisieren können, auch nicht lediglich eine neue Seelsorgemethode, die man »einführt«, sondern ein Geschenk des Herrn der Kirche, der jeden einzelnen zu einer persönlichen Antwort ruft und ihn so zu einer kraftvollen Ausübung des gemeinsamen Priestertums hinführt.

Herr, erneuere deine Kirche,
und fange bei mir damit an!

* Dieser Text kann in größeren Stückzahlen bezogen werden durch die in der Einleitung angegebenen Informationsstellen. Nachdruck erlaubt.

2. Die Kluft zwischen Glauben und Erfahrung kann geschlossen werden

Wodurch wird man Christ? Genügt es, als Kind getauft zu sein, und wird man Christ lediglich durch eine christliche Erziehung? Genügt es, ein guter Mensch zu sein, seine religiösen »Pflichten« zu erfüllen? Haben wir das Christentum im Grunde nicht zu einer Sammlung unangenehmer Forderungen gemacht?

Dem Neuen Testament entsprechend muß gesagt werden: Christ wirst Du ganz entscheidend durch Deine persönliche Hinwendung zu Christus und die Erfahrung seiner wirklichen *Anwesenheit* in Deinem Leben! Hinwendung und Erfahrung aber kommen nicht rein aus Dir selbst, sondern sind ein Geschenk Gottes, das geweckt und mitgetragen wird durch das Glaubenszeugnis anderer. Niemand glaubt für sich allein! Deshalb müssen wir unseren Glauben auch im persönlichen Zeugnis voreinander äußern. Viele Mitglieder der Gebetsgruppen bestätigen: Die verhängnisvolle Kluft zwischen Glaube und Erfahrung, zwischen Verstand und Emotion, die heute so vielen zu schaffen macht, kann überwunden werden!

3. Gottes Geist ist sinnenhaft erfahrbar anwesend

Wie aber geschieht die erfahrbare Anwesenheit Gottes in unserem Leben? Wirkliche Erfahrung hat immer etwas mit unseren Sinnen zu tun. Gott, den allmächtigen Vater, können wir jedoch nicht sehen und nicht hören. Er hat für uns keine Stimme und keine Gestalt (Joh 5, 37). Er wohnt im unzugänglichen Licht: »Kein Mensch hat ihn gesehen oder kann ihn sehen« (1 Tim 6, 16). In Jesus Christus ist jedoch die Güte und Menschenliebe Gottes *leibhaftig*, unseren Sinnen wahrnehmbar, erschienen, so daß die Zeugen des Lebens Jesu das verkünden, was sie selbst *gesehen und gehört* haben (1 Joh 1, 1–3). Nach dem Fortgang Jesu können wir seine irdische Gestalt nicht mehr sehen und hören. Er hat uns aber seinen Geist hinterlassen, und dieser zeigt sich machtvoll mit Sinnen wahrnehmbar (1 Kor 12, 7), wenn Menschen sich im Namen Jesu versammeln und ihren Glauben voreinander bezeugen: Wenn wir sehen und hören, wie andere Menschen sich lobpreisend, danksagend und glaubend Gott hingeben, dann *sehen und hören* wir etwas vom Geiste Jesu selbst (Apg 2, 33). Diese Erfahrung trifft uns ins Herz (Apg 2, 37), ergreift nicht nur unseren Verstand, nicht nur unseren Willen, sondern alle unsere Kräfte.

Gott ist also nicht nur der allmächtige Schöpfer »über uns«, sondern er ist *als* der Geist Jesu Christi machtvoll *unter und zwischen uns* anwesend (1 Kor 14, 25). Dadurch wird uns die Kraft geschenkt, uns ganz für Christus zu entscheiden und für ihn Zeugnis zu geben.

Herr, sei wieder unter und zwischen uns anwesend,
und laß uns deine Herrlichkeit schauen!

4. Missionarische Liturgie als soziale Gotteserfahrung

Bleibender Lebensgrund der Erneuerung ist eine missionarische Liturgie: der Gebetsgottesdienst in kleinen, überschaubaren Gruppen. Zu ihm »trägt jeder etwas bei« (1 Kor 14, 26), in freien, spontanen, aus dem gemeinsamen Schweigen geborenen Gebeten. Sie sind grundlegend Antwort auf das Wort Gottes, das den ganzen Menschen herausfordert und seine Aktivität intensiviert, nicht Versenkung in sich selbst mit dem Ziel der Auslöschung des Ich. Der Betende richtet sich mit seiner ganzen Person durch Christus zum Vater hin. Weil die Gebete und Anrufungen laut und vor anderen ausgesprochen werden, haben sie zugleich den Charakter der Verkündigung und dienen, wenn Gott es fügt, dem Glauben anderer.

Gebet als Dienst am Glauben der anderen ist zugleich *soziale Gotteserfahrung*: Wir erfahren die Anwesenheit des Heiligen Geistes nicht an anderen Menschen vorbei oder über sie hinweg, sondern indem wir ihr Gebet (unter Umständen auch kritisch) in uns aufnehmen und uns von ihm betreffen lassen. Die tiefste Dimension dieses sozialen Betens ist die *Anbetung Gottes um seiner selbst willen.* Sie ist zugleich ein Geschehen *in Gott selbst*: Der Geist Gottes selbst betet in uns und mit uns durch Christus zum Vater (Röm 8, 15. 26; Gal 4, 6). Insofern dieser Geist Gottes ein und derselbe ist in uns allen, ermöglicht er eine über sonstige menschliche Gemeinsamkeit weit hinausgehende Wir-Erfahrung.

Der Heilige Geist wird auch »Helfer« und »Beistand« genannt: Wir erfahren ihn in dem Maß, als wir in seiner Kraft anderen helfen, anderen beistehen, dem Glauben anderer dienen.

5. Die Charismen: Befähigung zum gemeinsamen Priestertum

Die Befähigung zum Dienst am Glauben anderer und damit zum gemeinsamen Priestertum nennt das Neue Testament *Charismen* (Gnadengaben): Jedem Menschen sind bestimmte Fähigkeiten gegeben, die der Geist Christi wandeln, läutern und in Dienst nehmen kann für den Aufbau der Kirche und der Gesellschaft. Alle Charismen erfließen aus der durch den Heiligen Geist in unsere Herzen ausgegossenen Liebe (Röm 5, 5). Sie tritt nach außen sowohl in den Wort-Charismen (Beitrag zum Gebetsgottesdienst, persönliches Bekenntnis) als auch in den Tat-Charismen. Eine Fülle der Gnadengaben wurde der Kirche beim ersten Pfingstfest geschenkt. Zu ihnen gehören auch die Prophetengabe, das Sprachengebet und die Heilungsgabe (Mk 16, 17 f; 1 Kor 12, 4—11; Apg 2, 4; 10, 46; 19, 6). Diese »leuchtenderen« Charismen (Vaticanum II, LG 12, 2) werden der Kirche heute wieder reichlicher geschenkt und gehören eigentlich zum normalen Alltag einer lebendigen christlichen Gemeinde.

Herr, laß uns einander priesterlich dienen
als gute Verwalter deiner vielfältigen Gnade,
jeder mit der Gabe, die er empfangen hat!

(vgl. 1 Petr 4, 10)

6. Der zentrale Vorgang: Geisterneuerung

Die Einführung des Christen in das volle Christsein geschieht seit ältester Zeit in mehreren vom Heiligen Geist in uns (aber nicht ohne uns) erwirkten Schritten (vgl. Apg 2, 38), die in einem lebenslangen Christwerden immer wieder erneuert werden müssen. Zu dieser »Geisterneuerung« verhelfen wir uns gegenseitig in entsprechenden Einführungsseminaren. Sie umfaßt folgende Aspekte:

a) Umkehr: »Ändert euer früheres Leben und erneuert euren Geist und Sinn!« (Eph 4, 22 f; vgl. Kol 3, 9 f; Röm 12, 2). Die Umkehr ist Erneuerung unseres *menschlichen Geistes,* unseres Fühlens, Wollens, Denkens, unserer ganzen Person, in der Kraft des Heiligen Geistes. Sie beginnt mit der Auslieferung an den Plan und Willen Gottes, mit einer ersten Annahme des eigenen Todes (diese ist Voraussetzung jeglichen charismatischen Tuns). Nach Hebr 6, 6 ist solche Umkehr ein tiefgreifender Akt in unserem Leben, der nicht mit der gleichen Betroffenheit wiederholt werden kann, aber dennoch immer wieder erneuert werden muß.

b) Erneuerung des Taufversprechens: Die Wassertaufe zur Vergebung der Sünden ist »das Bad der Wiedergeburt und der *Erneuerung im Heiligen Geist*« (Tit 3, 5). Tauferneuerung geschieht in der Beichte und in der Bitte um Heilung von den Verletzungen und Verwundungen, an der andere Menschen schuld sind (Erbsünde).

c) Erneuerte Teilhabe an der Geisttaufe Jesu: Nach der Auffassung des Neuen Testamentes beginnt die Pfingsterfahrung bereits mit der Taufe Jesu (vgl. Apg 10, 37 f; Lk 4, 18). In ihr wurde Jesus selbst mit Heiligem Geist getauft: *Während er betete,* kam diese göttliche Kraft *sichtbar und hörbar,* also für ihn selbst und die Umstehenden *erfahrbar,* zu ihm (Lk 3, 21 f par.). Von da an trat er auf als der Ur-Charismatiker, als der einmalige Zeuge Gottes, als Prophet, Lehrer, Sieger über Krankheit, Dämonen und Tod.

Nach katholischem Verständnis ist das *Firmsakrament* die geschichtliche Fortdauer der Geisterfahrung Jesu und der ersten Pfingsterfahrung (Paul VI., 1971), somit das sakramentale

Angebot der Geisttaufe, d. h. der Befähigung zur Ausübung der Geistesgaben zum Dienst an anderen. Auch die evangelische Konfirmationshandlung enthält den Zuspruch des Heiligen Geistes. Geisterneuerung ist also auch Erneuerung der Firmung bzw. der Konfirmation.

d) Führung durch den Heiligen Geist. Wer ein neuer Mensch geworden ist, fürchtet sich nicht mehr, weder vor Gott noch vor der Zukunft, und läßt sich vom Geist Gottes führen (Röm 8, 14). Er ist immer wieder neu offen für die Eingriffe Gottes in sein eigenes Leben und in das der Kirche.

e) Vertieftes Verständnis des Abendmahls als einer geistlichen Speise und eines geistlichen Trankes, als Zeichen der Einheit.

Die Übereignung an Christus und die Bitte um Geisterneuerung erhalten Ernst und Tiefe, wenn sie in einem meist frei formulierten, persönlichen Gebet vor Zeugen ausgesprochen werden. Die Anwesenden legen dem Betenden ihre Hände auf und sprechen Gebete der Fürbitte, des Lobes und des Dankes. Dieser Vorgang ist kein neues Sakrament, sondern Ausübung des *gemeinsamen Priestertums*, aufgrund dessen die Christen einander im Glauben helfen und bestärken.

Viele erfahren in dieser Stunde eine neue Freude, für Gott da zu sein, ihn anzubeten und anderen zu dienen. Andere stellen Wochen und Monate danach rückschauend fest, daß ihr Leben sich geändert hat: »Die Frucht des Geistes ist Liebe, Freude, Friede, Freundlichkeit, Güte, Selbstbeherrschung« (Gal 5, 22), und dies alles dürfen und sollen wir wirklich in uns *erfahren* (Gal 3, 2—5): Wer sich selbst an andere weggibt, wird sich selbst finden!

Herr Jesus Christus, ich übergebe dir heute aufs neue mein Leben und meinen Tod. Ich widersage dem Mißtrauen gegen dich und bitte dich, sei du der Herr über meine Gedanken, meinen Willen und meine Gefühle. Verändere mich so, wie du mich haben willst, damit ich anderen Menschen deine Freude bringen kann. Ich bitte dich um alle Gaben deines Heiligen Geistes.

7. Ein Tabu muß gebrochen werden

Wer zum ersten Mal bei einem Gebetsgottesdienst als Beobachter anwesend ist (jeder fängt so einmal an), ist vielleicht zunächst »peinlich berührt«. Dies ist aber ganz normal, denn wir haben eine lange Geschichte der Tabuisierung des persönlichen Verhältnisses zu Gott hinter uns: Religion ist Privatsache! Es gibt doch nun wirklich eine religiöse Intimsphäre! Ich kann doch mein persönliches Verhältnis zu Gott nicht vor anderen äußern! Mit einer solchen oder ähnlichen, aus der Angst geborenen inneren Abwehr muß am Anfang jeder rechnen.

a) Falsche Privatisierung des Glaubens. Es heißt zwar einmal: Wenn Du beten willst, dann gehe in deine Kammer (Mt 6, 6), aber dies ist den Pharisäern gesagt, die beten, um den Leuten aufzufallen. Im übrigen aber gilt das Wort: »Wer sich *vor den Menschen* zu mir bekennt, zu dem wird sich auch der Menschensohn bekennen« (Lk 12, 8). »Wir können einfach nicht schweigen von dem, was wir gesehen und gehört haben« (Apg 4, 20).

b) Tabuisierung der Glaubensemotion. Vor allem seit der Aufklärungszeit hat man uns eingepredigt: Religion ist Verstandessache! Glaubensemotionen haben keine Beweiskraft und sind absolut ungewiß! Du darfst so etwas wie Freude an Gott unter keinen Umständen in der Öffentlichkeit zeigen! *Dieses Tabu muß gebrochen werden!*

Das Konzil von Orange (529) lehrt ausdrücklich: Der Anfang des Glaubens ist die vom Geist Christi in uns erweckte Glaubensemotion, durch die wir an Christus glauben (DS 375). Wovon sind wir denn fasziniert, betroffen, angezogen? Sind unsere Emotionen wirklich verchristlicht, oder werden wir nicht vielmehr »hingezogen zu den stummen Götzen« (1 Kor 12, 2), zu den vielen, unser Leben bestimmenden Mächten in unserer modernen Kultur: zu Technik, Sport, Personenkult, materiellem Wohlstand? Eine Verchristlichung der Emotionen ist zugleich auch ein Beitrag zum politischen und gesellschaftlichen Fortschritt, den nur die Christen leisten können.

c) Religiöses Leistungsdenken. Wer zum ersten Mal versucht, in freier, spontaner Weise mit anderen zu beten, entdeckt in sich eine Angst sowohl vor der eigenen inneren Hohlheit als auch vor den anderen: Mache ich es auch gut genug? Was werden wohl die anderen denken? Auch im Gebet betteln wir noch um Anerkennung! Manche schrecken auch vor den Konsequenzen einer Übereignung des Lebens an Christus zurück (»Ich müßte ja von heute auf morgen mein Leben radikal ändern!«) und sind so in ihrer Entscheidungsfreiheit gehemmt.

»Habt Vertrauen, Ich bin es, habt keine Angst!« (Mt 14, 27)

8. Ökumenische Perspektiven

Die charismatische Erneuerung ist in erstaunlichem Maß fast gleichzeitig in allen jetzt noch getrennten Kirchen und Traditionen aufgebrochen. Sie zeigt eine ungeahnte Kraft, diese *ihrer jeweiligen Eigenart entsprechend* von innen her zu erneuern, von geschichtlich bedingten Einseitigkeiten und Übertreibungen zu befreien und zu wandeln. Wenn auch ein gemeinsames Abendmahl noch nicht möglich ist, so wird doch in den Gebetsgruppen eine Einheit untereinander erfahren, die auf überraschende Weise der *Beginn einer gemeinsamen Tradition* ist. Dies setzt voraus, daß jeder einzelne Christ in seiner eigenen Tradition fest verwurzelt bleibt.

9. Pastorale und gesamtkirchliche Aspekte

Die charismatische Gemeindeerneuerung ist ein *Weg* zur lebendigen Gemeinde und betrifft die Kirche von ihrem innersten Zentrum her in *allen* ihren Lebensäußerungen. Sie muß jedoch zunächst in kleinen Gruppen wachsen (Jugend-, Familien-, Firmvorbereitungsgruppen) und kann dabei auch *jegliche* schon bestehende Gruppierung in Verbänden, Räten, Gremien usw. von innen her durchdringen, läutern, intensivieren. Die Erneuerung befähigt überall dort, wo »zwei oder drei« versammelt sind, zur persönlichen und sozialen *Evangelisation. Sie* wird erst in einer späteren Phase die kirchlichen Strukturen und Institutionen in ihrer Gesamtheit erfassen können (das kirchliche Amt als Dienst an den anderen Diensten). Deshalb setzt auch die Erneuerung, Auflockerung und Vertiefung des Gemeindegottesdienstes eine Gemeindeevangelisation (als neue Form der Volksmission) voraus, in welcher jeder *einzelne* sein Leben Christus neu übereignet hat. Eine mögliche Frucht wäre dann: Geisterneuerung *einzelner* im Pfingstgottesdienst der Gemeinde, sonntägliche Laienpredigt als persönliches Zeugnis, freie Fürbitten, Friedensgruß untereinander.

Komm in unser Leben, Heil'ger Geist,
gib uns Deine Gaben, wandle uns, erneuere Deine Kirche!

II. Ein Glaubenszeugnis

Es gibt viele neue Glaubensbekenntnisse neben dem Apostolikum und dem Nicänum, die uns aus Gottesdienst und Unterricht bekannt sind, aus der frühen Kirche der ersten Jahrhunderte stammen und deshalb allen Christen gemeinsam sind.

Neue Formulierungen des Glaubens sind gut, weil das Bekenntnis immer neu in die jeweilige Situation hinein übersetzt werden soll. Freilich können sie auch in der Gefahr stehen, als »Ersatz« für die alten Bekenntnisse mißverstanden zu werden. Das ist dann bedenklich, wenn sie offensichtlich nur einen Teilaspekt der christlichen Wahrheit ausdrücken. Deshalb hat beispielsweise der evangelisch-lutherische Landesbischof Hermann Dietzfelbinger einmal vorgeschlagen, man sollte die »neuen Glaubensbekenntnisse« besser *»Glaubenszeugnis«* nennen. Wir wollen diese Bedeutung und Deutung des *»Glaubenszeugnisses«* übernehmen mit dem folgenden Beispiel eines ausführlichen und festformulierten Glaubensbekenntnisses, das in einer charismatischen Gemeinschaft (auf der Grundlage einer Vorlage, deren Herkunft nicht bekannt ist) entstanden ist.

Damit können zwei Funktionen erfüllt werden: Erstens wird damit ein Text zur Meditation angeboten, der mit genau bedachten Aussagen die zentralen Erfahrungen des Glaubens so wiedergibt, daß sie uns — den Lesern — zur immer wieder neuen Aneignung und Aktualisierung unseres Glaubens — auch nach seinen »Inhalten« — dienen kann. Zweitens: Die »Einübung in die christliche Grunderfahrung« kann, wie mehrfach gesagt, nicht eine Glaubens*lehre* ersetzen. Dafür mußte auf die vorhandenen Katechismen und Glaubensbücher verwiesen werden. Der nachfolgende Text aber kann vielleicht in einer bestimmten Richtung die wichtigsten Leitlinien und Aussagen zum christlichen Glauben demjenigen an die Hand geben, der noch wenig an »Lehre« gelernt hat und tastend nach Worten sucht, die sein Bekenntnis zum Ausdruck

bringing. In diesem Sinne kann es auch, vielleicht abschnitt-
weise, in Gruppen besprochen oder in einem Gottesdienst als
»Credo«, als »Lobopfer der Lippen, die seinen Namen be
kennen« (Hebr 13, 15), verwendet werden.

Ich weiß:
Aus eigener Kraft kann ich nicht an Gott glauben.
Der *Glaube* ist Gottes Geschenk.
Durch seinen Heiligen Geist
und durch sein Wort
hat Gott in mir den Glauben geweckt.

Nach Beweisen brauche ich nicht zu fragen,
denn der Glaube ist Vertrauen zu Gott,
Zuversicht, die in meinem Herzen lebt.

Darum bin ich gelassen und fröhlich.
Denn das Zutrauen zu Gott bewahrt mich davor,
mich in Ängsten zu verlieren,
mich verkrampft um das Leben zu sorgen
und mich gegen alles abzusichern.

Ich stehe unter Gott und vertraue ihm;
so stehe ich über den Dingen dieser Welt
und in Distanz zu ihnen.
Sachzwänge und Leistungsdruck
sollen mich nicht gefangennehmen;
die Maßstäbe dieser Welt
sollen nicht über mich herrschen.
Denn Gott hat mich befreit.

An diesen *Gott* glaube ich:
an den einen, wahren, persönlichen Gott,
der Erde und Himmel geschaffen hat,
den die Bibel bezeugt,
von dem Jesus sagt,
wir dürfen ihn unseren Vater nennen.

Ich habe erfahren, daß Gott Liebe ist.
Diese Liebe erkenne ich daran,
daß er wegen uns Menschen

in Jesus von Nazaret Mensch geworden ist.
So ist die frohe Botschaft
auf unserer Erde laut geworden,
und jeder kann sie hören.

Denn *Jesus* hat Gottes neue Welt verkündigt.
Mehr noch als mit Worten allein —
in allem, was er tat, in seinem ganzen Wesen,
ist er Gottes sichtbar gewordene Zuwendung zu uns.
Die Verstoßenen hat er angenommen,
die Kranken an Geist und Leib hat er geheilt,
die Schwachen aufgerichtet und gestärkt;
die Sünder hat er barmherzig zu sich gerufen
und ihnen Vergebung geschenkt.
In allem hat er Gottes Liebe bezeugt und gelebt,
und er hat diese Liebe durchgehalten,
auch als sie ihn gefangennahmen,
schuldig sprachen, höhnten und schlugen —
ihn, der von keiner Sünde wußte.
Bis in den Tod am Kreuz blieb er
dem Willen des Vaters treu.
Er war von Gott verlassen,
damit wir nie mehr gottverlassen sind.
Er gab sein Leben hin,
damit wir das Leben gewinnen.
So hat er uns befreit
aus den Fesseln der Sünde,
aus der Gewalt des Teufels
und der Macht des Todes.

Gott hat ihn auferweckt aus dem Tode
als den ersten einer neuen Schöpfung,
und damit hat er auch uns,
die wir zu ihm gehören,
ewiges Leben zugesagt:
Leben, das Dauer hat und Fülle.
Ich preise die Auferstehung Jesu, meines Retters,
und freue mich, daß er für ewig erhöht ist
zur Rechten des Vaters.
Nach seiner Verheißung
hat der ewige Gott, unser Schöpfer und Herr,
seinen *Geist* gesandt

auf die wartenden Jünger,
um das Feuer des Glaubens und der Liebe
in ihnen zu entzünden.

Aus der Fülle seines göttlichen Lebens
hat er auch uns, seinen Kindern,
Leben mitgeteilt:
Als er uns schuf,
hauchte er uns seinen Atem ein;
als er uns zum Glauben berief,
hat er uns seinen Geist gegeben,
die Quelle alles Lebens und aller Heiligung;
und durch seinen Geist rüstet er uns aus
mit den Gaben, die wir brauchen
auf dem Weg zu ihm
und im Dienst für sein Reich.

Ich preise ihn,
daß ich das lebendige Wirken seines Geistes
erleben kann in seiner Gemeinde
und an mir schwachem Menschen.
Immer wieder von neuem
strecke ich meine Hände bittend aus
nach ihm, dem Geist Gottes,
erfahre seine Gaben
und sehne mich nach seinen Früchten;
und ich preise Gott,
daß er seine Kinder beschenkt.

So lebe ich in der herrlichen Freiheit,
zu der Gott mich befreit hat.
Und trotz aller Widrigkeiten glaube ich fest,
daß Jesus, der Herr der Kirche,
in dieser Zeit voller Unruhe und Umbrüchen
seiner *Gemeinde* treu ist
und ihr eine neue Gestalt geben will.

Was brüchig ist, wird abfallen;
was gut ist und Leben fördert, wird wachsen,
so daß die Gemeinde seiner Jünger
wieder hell erstrahlen wird
als »Stadt auf dem Berge« und »Salz der Erde«,

ohne Machtpositionen,
gering, arm,
oft verachtet,
aber bereit, den Herrn zu lieben
und den Menschen zu dienen:
ein freier Raum der Zuflucht,
des Trostes und der Freude,
wo das Wort vom Kreuz
Menschen aufrichtet und neu macht
und sie Brüder und Schwestern finden läßt.

Ich danke Jesus aus ganzem Herzen,
daß er mir
und allen meinen Schwestern und Brüdern
immer wieder durch sein Wort und sein Mahl
neue Kraft schenkt zur *Nachfolge.*
In dieser Nachfolge möchte ich
die Liebe verwirklichen,
die Jesus gelebt und gelehrt hat.

Ich möchte die Liebe weitergeben,
die von Jesus ausgeht:
Liebe, die den andern glücklich macht
und ihm Freude schenkt;
Liebe, die klein, sanftmütig und demütig ist,
gütig, barmherzig,
gewaltlos und wehrlos;
Liebe, die sich der Ausgestoßenen erbarmt,
die den Elenden hilft,
die Unmenschlichkeit überwindet
in den Herzen der Menschen
und in den Lebensbedingungen dieser Welt;
Liebe, die niemandem die Vergebung
und den Zuspruch des Evangeliums vorenthält.

Ich bin gewiß,
daß Jesus mich wieder aufrichtet,
wenn ich in der Liebe versage
und meine Schuld bekenne.

Mit Sehnsucht suche ich
die Gemeinschaft des *Heiligen Mahles,*

das er selbst eingesetzt hat
und in dem er unter uns tritt,
ganz nah,
in den einfachen Zeichen
von Brot und Wein,
durch die er selbst
mit seinem für uns geopferten Leib
und seinem für uns vergossenen Blut
uns nährt und stärkt
auf dem Wege zum Ziel
und unseren irdischen Leib belebt
mit den Kräften der Auferstehung
zu himmlischer Freude.

In Ehrfurcht und Dankbarkeit
lese ich die *Bibel,*
denn sie ist
— gerade in ihrer menschlichen Gestalt —
Gottes eines, ewiges und zuverlässiges Wort,
»meines Fußes Leuchte und ein Licht auf meinem Weg,
meines Herzens Freude und Trost«.

So bin ich gewiß, daß nichts im Himmel und auf Erden,
keine Macht der Welt,
mich trennen kann von der Liebe Gottes,
die in Jesus Christus ist.

Darum warte ich mit Zuversicht
auf die *Vollendung* unseres Lebens mit ihm,
auf seine Wiederkunft am Ende aller Zeit,
da sein großer Tag anbricht,
wenn er die Welt endgültig richtet
und uns, seine Jünger,
heimholt in das ewige Reich des Vaters,
das neue Jerusalem,
das vom Himmel herabkommt,
wie eine Braut,
geschmückt für ihren Bräutigam,
zu dem himmlischen Hochzeitsmahl,
das ohne Ende ist,
wo wir in unaufhörlicher Gemeinschaft
mit ihm leben werden

in ungetrübter Freude
und unvorstellbarer Herrlichkeit.

Denn »was kein Auge je gesehen
und kein Ohr gehört
und in keines Menschen Herz gedrungen ist,
das hat Gott bereitet denen, die ihn lieben«

Anmerkungen

[1] Abgedruckt in: Herder-Korrespondenz, März 1976, S. 133—152.

[2] Vgl. H. Mühlen, Das Vorverständnis von Person und die evangelisch-katholische Differenz, Münster (Westf.) ²1965.

[3] Vgl. H. Mühlen, Die Erneuerung des christlichen Glaubens, Charisma — Geist — Befreiung, München ²1976, S. 251—257.

[4] Lexikon für Theologie und Kirche. 2. Aufl., Bd. 10, S. 859.

[5] H. Rendtorff, Die Religion in Geschichte und Gegenwart, 3. Aufl., Bd. 2, S. 773 ff.

[6] Vgl. H. Mühlen, Die Erneuerung des christlichen Glaubens. Charisma — Geist — Befreiung, München ²1976, S. 221—224.

[7] Vgl. den Bericht der Pastoralkommission der nordamerikanischen Bischofskonferenz vom Frühjahr 1975: Statement on Catholic Charismatic Renewal. United States Catholic Conference, 1312 Massachusetts Avenue, N.W. Washington, D. C. 20005. Die kanadischen Bischöfe haben im April 1975 eine Botschaft veröffentlicht: Le Renouveau Charismatique. Message des evêques canadiens. Zu beziehen durch: Pneumatheque, 7 bis rue de la Rosière, F-75015 Paris. Der Bericht: The charismatic movement in the Lutherian Church in America, ist veröffentlicht bei Muhlenberg-Press, Philadelphia, Pa. 1974.

[8] Vgl. dazu den Bericht von H. Mühlen an die Vollversammlung der deutschen Bischofskonferenz: Die katholisch-charismatische Gemeinde-Erneuerung, Stimmen der Zeit, Heft 12, Dezember 1975, S. 801—812. Als Sonderdruck erhältlich über die oben angegebene Informationsstelle.

[9] Vgl. dazu H. Mühlen, Urchristliche Charismen im Petersdom, Gottesdienst 9 (1975), Heft 13, S. 97—99.

[10] Baale sind heidnische Naturgottheiten, die in heiligen Bäumen, Quellen, Berggipfeln, Felsen usw. »wohnen«. Den Juden ist es streng verboten, diese Gottheiten zu verehren.

[11] Vgl. dazu vor allem Th. Ohm, Die Gebetsgebärden der Völker und das Christentum, Leiden 1948, S. 359—371.

[12] Vgl. Th. Ohm, Die Gebetsgebärden der Völker, Leiden 1948, S. 252—267.

[13] Vgl. Herrmann, in: Kittel, Theologisches Wörterbuch zum Neuen Testament, Bd. 2, S. 785 f.

[14] Vgl. Th. Ohm, Die Gebetsgebärden der Völker, Leiden 1948, S. 267—276.

[15] Lexikon für Theologie und Kirche, Art. »Volksmission«, Bd. 10, S. 859.

[16] Vgl. dazu eingehend A. Bittlinger, Im Kraftfeld des Heiligen Geistes, Marburg a. d. Lahn ⁵1976, S. 71—82.

[17] Max Thurian: Die Konfirmation. Einsegnung der Laien, Gütersloher Verlagshaus Gerd Mohn 1961. Eine Liturgie der Konfirmation steht auf den Seiten 73—76; eine weitere Konfirmationsformel S. 89. Selbstverständlich kann das Grundmodell von Thurian auch gebraucht werden, wo eine freie Formulierung von Gebeten und Segensworten bevorzugt wird. Aber auch in diesem Falle, wie in charismatischen Gemeinden überhaupt, wird sich eine freie Formulierung an den altkirchlichen Texten orientieren. Ebenso gilt natürlich für charismatische Gemeinschaften, daß nicht nur der Liturge oder Leiter des Gottesdienstes die Hände auflegt (vgl. im ersten Teil dieser »Einübung« den dritten Abschnitt der fünften Woche). Auch sollte die Thurianische Formulierung »Brüder« oder »deine Knechte«, falls gebraucht, so erweitert oder umformuliert werden, daß sich Christen weiblichen Geschlechts in ihr wiederfinden können.

[18] Auf den »Zerfall des Mysteriums« hat mit bewegenden Worten vor allem der lutherische Altbischof Wilhelm Stählin hingewiesen in seinem Buch: Mysterium. Vom Geheimnis Gottes, Kassel 1970. Das in ihm Gesagte gilt heute in gleicher Weise für die katholische Kirche. Auch hier ist eine »Angst vor dem Mysterium« (a. a. O., S. 185) mitschuldig am lautlosen Auszug aus dem Gottesdienst und der Kirche.

Liebe Leserin, lieber Leser!

Wenn Sie der Umgang mit den beiden Teilen dieser Einübung angeregt hat, sich auf die »Geisterneuerung« persönlich einzulassen, schreiben Sie uns bitte. Wir werden Ihnen eine Liste mit Kurzseminaren (2—3 Tage) zuschicken, die von den Verfassern und anderen Verantwortlichen geleitet werden. Damit die Tage zu einer praktischen Einübung in die Gründung von Gebetsgruppen werden können, soll auf ausführliche Vorträge verzichtet werden. Deshalb ist erwünscht, daß alle Teilnehmer die beiden Teile dieser »Einübung« gelesen haben. Wir laden besonders Pfarrer (möglichst mit einigen aktiven Gemeindemitgliedern), Mitarbeiter im kirchlichen Dienst und andere Multiplikatoren ein. Bitte schreiben Sie entsprechend Ihrer Kirchenzugehörigkeit an eine der beiden unten angegebenen Geschäftsstellen.

Diese erteilen auch Auskünfte über die im deutschen Sprachraum bestehenden Gebetsgruppen und senden Ihnen auf Wunsch weiteres Informationsmaterial und eine Literaturliste zu. Die Herstellung dieses Materials und die Unterhaltung des Büros (Personalkosten, Porto, Telefon usw.) müssen durch Spenden finanziert werden. Da mit dieser neuen Auflage die Arbeit weiter anwächst, bitten wir Sie um Ihre Mithilfe (gegen Spendenquittung, steuerabzugsfähig):

Geschäftsstelle für Gemeinde-Erneuerung in der *katholischen* Kirche, Domplatz 3, D-4790 Paderborn. Spendenkonten: Gemeinde-Erneuerung e. V., Postscheckamt Hannover Nr. 26847-303; Sparkasse Paderborn, Konto-Nr. 33001215 (BLZ 472 501 01).

Geschäftsstelle für Gemeinde-Erneuerung in der *evangelischen* Kirche, Alte Rabenstr. 23, D-2000 Hamburg 13. Spendenkonto: Evangelische Gemeinde-Erneuerung, Commerzbank Hamburg (BLZ 20 040 000), Konto-Nr. 6 353 304.

Entspannung in der Gemeinschaft mit Gott

In Amerika ist bei Schwestern und Geistlichen, aber auch bei
Laien, die ein festes Gebetsprogramm haben, eine Bewegung
aufgebrochen: hin zum »spontanen«, zum Herzensgebet. Dieses
Buch berichtet davon.
Bernhard Häring und der früh heimgegangene Trappistenabt
Thomas Merton schrieben die einleitenden Aufsätze. Ihnen folgen Berichte über Anfänge und Erfahrungen, von zwei Gruppen
beschrieben: den Ordensschwestern, die wohl die Initiative hatten, »Häuser des Gebets« zu schaffen, und einer Priestergruppe.
Der Sinn des Experiments, der aus dem Büchlein überzeugend
abzulesen ist, kann auch bei uns fruchtbare Anstöße zu einem lebendigen Beten geben.   *Christ in der Gegenwart*

Häring wurde auf eine Bewegung zur Erneuerung der Spiritualität in den USA aufmerksam und gab ihr den Namen »Haus des
Gebets«. Im »Haus des Gebets« soll die Arbeit periodisch von
Freizeit unterbrochen werden, die der Entspannung in der Gemeinschaft mit Gott und den Menschen dient. Ziel dieses Zu-
sammenseins sind das Ruhigwerden in Gott, wodurch störende
Hemmungen beseitigt, gebundene Kräfte befreit werden und der
Mensch zu sich selber findet, aber auch das Erlebnis des gemeinsamen Betens und der gegenseitigen Bejahung.
                         Theologisch-praktische Quartalschrift

Bernhard Häring · Haus des Gebets
Impulse zur charismatischen Erneuerung. Topos-Taschen-
buch 19. 133 S. Kt.
Bei Ihrem Buchhändler oder über den
Matthias-Grünewald-Verlag   **Postfach 3080 · 65 Mainz**

Topos-Taschenbücher

Topos-Taschenbücher
zum Thema Meditation

Band 13
Karl-Heinz Bloching
Texte moderner Schriftsteller zur Meditation
152 Seiten

»Bloching hat mit bedeutsamer Hand und viel einfühlendem Verständnis eine gute Auswahl getroffen. Die verbindenden Zwischentexte und Hilfen leiten zur vertieften Meditation und inneren Aufarbeitung an. Das Büchlein sei ohne Einschränkung empfohlen.« Der Evangelische Buchberater

Band 19
Bernhard Häring
Haus des Gebets
Impulse zur charismatischen Erneuerung
136 Seiten

»Dies ist ein höchst erregender Report, vor allem dort, wo Menschen ihren Durchbruch in eine neue Dimension erfahren haben!« Frau und Beruf

»Der Sinn des Experiments, der hier überzeugend abzulesen ist, kann auch bei uns fruchtbare Anstöße zu einem lebendigen Beten, zu einer echten Gemeinschaft geben.«
Christ in der Gegenwart

Band 27
Peter Antes/Bernhard Uhde
Aufbruch zur Ruhe
156 Seiten

»Das Buch will zum besseren Verständnis des Phänomens Meditation beitragen. Einführungen und kommentierte Textbeispiele sollen etwas von der Stimmung des meditierenden Menschen in verschiedenen Religionen vermitteln. Wer sich in diese Gedanken vertieft, wird spüren, daß er selbst in seinem Verständnis und Selbstverständnis angesprochen ist.«
Idee und Tat

Band 30
Willi Massa (Hg.)

Kontemplative Meditation
Die Wolke des Nichtwissens

Einführung und Text
Mit einem Geleitwort von P. Dr. Enomiya-Lassalle SJ
2. Aufl. 1875. 141 Seiten

»Massa hat mit dieser Neuausgabe der ›Wolke‹ nicht nur be-
wiesen, daß schon vor Jahrhunderten Meditation auch in
unserem Kulturbereich und auf christlicher Grundlage bekannt
und möglich war, sondern er hat ein kleines kostbares Werk
zugänglich gemacht, das bestimmt vielen Lesern entsprechen
wird.« Die Ostschweiz

Band 46
Karl-Heinz Bloching

Texte über Gott

Anregungen zum Nachdenken
144 Seiten

Die Gottesfrage ist in der modernen Literatur nicht verstummt.
Ca. 60 Texte von Schriftstellern der Gegenwart sind Beleg
dafür (u. a. Celan, Domin, Dürrenmatt, Frisch, Handke,
Kachnitz, Marti, Sartre, Walser). Der Leser ist erstaunt über
die Fülle und den Reichtum der Texte; Bloching erschließt sie
behutsam und setzt ihnen biblische Texte gegenüber.

Band 51
Gabrielle Bossis

Er und ich

Geistliches Tagebuch I
Nachdruck der 4. Aufl. von 1972
107 Seiten

Band 47

Geht meiner Liebe entgegen

Geistliches Tagebuch II
96 Seiten

Diese beiden Bände enthalten in Auswahl Tagebuchaufzeich-
nungen von Gabrielle Bossis aus den Jahren 1936–1950. Reiche
Gedanken und Erfahrungen dienen der persönlichen und gemeinsamen Besinnung und inneren Ermutigung.

Matthias-Grünewald-Verlag